# アート引越センター

# 顧客満足度連続No.1のヒミツ

# はじめに

本書を手に取られたあなたは、おそらくビジネスパーソンでしょう。
そして、立場や役割、業種は違えども、何かしらお客様に対してアプローチを変える必要性を感じておられる方だということは間違いないと思います。

「顧客満足度を高める」

これがビジネス成功の要諦であることに異存のある方は、まずおられないでしょう。
しかしその一方で、企業の発展、存続のためには、利益を出し続けていくことは必須でもあります。

「顧客満足度を高めつつ、利益も増大させる」

これは、一見トレードオフの関係にも思える難題です。しかし、これをクリアした企業が存在するのです。7度も顧客満足度ナンバーワン（オリコン顧客満足度®ランキングによる）という偉業を達成しながら、グループ売上高1000億円超、経常利益率約10％という数字をたたき出しました。

そうです。本書の題材として取り上げた、アート引越センター（社名アートコーポレーション）です。

執筆に至った経緯は次のようなものでした。

神戸に本拠を構え、2019年4月に100周年を迎えた学校法人甲南学園 甲南大学長である長坂悦敬教授のゼミでは、学生たちの勉強のために実際に存在する企業を題材として取り上げて、経営的視点から研究をしています。

その研究にふさわしい企業はないかと、経営コンサルタントである筆者（山本）にお声がけをいただいたのです。そこで、かねてより風通しのよい社風であると伺っていた、旧知のアート引越センター人材戦略部 山下茂課長に相談。寺田政登副社長をはじめ社内経営層と調整いただき、全面協力をあおぐことになったのです。

このような経緯から、長坂ゼミの研究にタッチさせていただくことになった私は、大いに学生たちにインスパイアされることになりました。

アート引越センターの顧客満足度ナンバーワンの秘密に迫り、その内容を文書に起こすことで日本のビジネスによい影響を与えることができるのでは、と考えたのです。

「思い立ったが吉日」「案ずるより産むがやすし」。まずは長坂学長に相談し、ついで山下課長、私の執筆力不足を補ってもらうために、関西屈指の劇団である「劇団レトルト内閣」の脚本・演出、そしてインタビューマガジン『B.S.TIMES』編集長である金澤寿美女史に声をかけ、共同執筆することにしました。

本書を書くにあたってはアート引越センターの全面的な協力を頂戴し、面談、ヒアリングでは経営トップをはじめ全部署の責任者にご対応いただきました。また、金澤女史は執筆にあたり、アート引越センターには内密で実際の最前線で行われる引越し実務をアルバイトとして体験。真の顧客満足度ナンバーワンの秘密は何か？　に迫ることを試みました。

アート引越センターは引越しビジネスのパイオニアであり、近年、オリコン顧客満足度®調査ランキングの引越しランキングでは総合評価のほかにも、ほぼすべての項目で上位にランクされるという奇跡を実現しています。前述しましたが、総合ランキングである顧客満足度ナンバーワンを7度も獲得しながら業績も上げているという、ミステリアスな企業なのです。

本書の執筆にあたっては、まず筆者自らが「顧客満足度ナンバーワン」を実践しなければならないと考え、通常の学術調の記述ではなく、多くの読者の方々に読みやすいようカジュアルな表現をさせていただきました。

本書を手にしたあなた、このままレジまでお進みいただくだけで、あなたのCS（Customer Satisfaction 顧客満足）活動は始まります！

目次

# 第1章

# 顧客満足度が必要なワケ

# 1 これぞ経営のキーワード

## 「顧客の創造」こそ企業の目的

〝マネジメントの父〟と称された経済学者のピーター・F．ドラッカーは、その名著『マネジメント』の中で、「企業の目的は（利益を追求することではなく）顧客の創造である」と定義づけました。そして、企業には基本的な機能として「マーケティング」と「イノベーション」ただ二つだけがある、としたのです。

この二つには様々な定義づけがなされていますが、端的に言えば「マーケティング」とは顧客の欲求を理解することであり、「イノベーション」とは今までになかった顧客の欲求を創出し、社会や市場を変容させるほどのインパクトをもたらすことと言えるでしょう。そして顧客の欲求を満足させる商品やサービスを提供することが「顧客の創造」に繋がると説いています。つまり企業経営において最も重要なのは、「顧客志向」だということです。

どうやら、顧客満足度を知るには「顧客」とは何か？ということから始める必要がありそうです。しかし、「顧客とは何？」と急に聞かれると、わかっているようでわからないという困った質問ではありませんか？

解答としては、お客様、商品やサービスを買ってくれる人、広い意味では、将来的に商品やサービスを購入してくれる可能性のある人、神様（笑）……など、様々なものが思い浮かびます。ユーザーと呼んだり、お得意先様と呼んだりする場合もあるでしょう。本当に様々です。

そのような様々な呼び名の中でもっともポピュラーであろう「客」と「顧客」をとってみてもその意味は同じものといえるのでしょうか？

「客」とは本来、訪問者や旅人のことです。商業の発達に伴い、物々交換から貨幣経済に発展していく際に市場ができ、そこを買い手が訪問したので「客」と呼ばれたのです。その客は商売人にとって大切な人たちだから、お客様と呼ぶようになりました。英語でいうとShopperですね。ちなみに客の前に状態を表す言葉をつけて乗客、固定客、利用客などと表現する場合もあります。

一方、「顧客」は英語にするとcustomになります。意味合いには、慣習、繰り返し、愛顧、顧客という意味があり、customerの語源です。顧客の「顧」には、顧みる、目をかける、心を配るといった意味があります。

したがって、厳密には顧客という言葉にはリピーター的なニュアンスが含まれます。しかし顧客満足を考えるときに、一限さん、つまり一回きりしか買わない方は無視しましょうという考え方はないでしょうから、ここでは、顧客とはビジネスにおいて商品やサービスについて料金を支払ってくれる人全般と言ってよいでしょう。

さて、顧客が重要であることはドラッカーの言葉を待つまでもないのですが、それはなぜでしょうか？

ビジネスが成立するのは、商品やサービスを購入してくれる人がいるからこそであって、いくらよい商品やサービスでも、購入してくれる人がいなければそもそもビジネスは成り立たないことになってしまいます。ですから、顧客が重要であることに議論の余地はないわけです。

では、当たり前の答えである顧客以外に、ビジネスを存続させるために必要なことは何でしょうか？

パッと思いつくのが安定的な売上げや利益ですね。しかしながら、その売上げや利益は、何から生まれるのでしょうか？　それは例外なくどのようなビジネスモデルでも、お金を払う

「顧客」から生まれてくるものです。ですから、ビジネスにもっとも必要なもの、それはやっぱり顧客である、と言うしかありません。

顧客側は購入にあたって、まず、あなたの商品やサービスを「買う」ことを考えて、「買う」と決断し、「買う」行動を起こし、「買う」ためのお金を支払う。

思考も決断も行動も支払いも全て「顧客」が行うことです。そうです、何から何まで顧客に依存しているのです。

もっと言えば、あなたの商品やサービスをＷｅｂなどで展開しているのであれば、その商品のバナー広告などをクリックするのも、同様です。何から何まで全て顧客が行うのです。

最も重要なのは「顧客」なのです。

先ほどは、顧客とは商品やサービスを購入してくれた人と述べましたが、本当にそれだけでよいでしょうか？

そうですね、お察しのとおり、「顧客」とは自社の商品・サービスを販売する対象であり、すでに購入してくれている顧客だけでなく、購入の可能性がある見込み客なども含める必要があります。

## 顧客の考えは予測できるのか？

「顧客が最も重要だ」と聞くと、「顧客が最も重要なら、顧客がどのように考えるかを考えればいいんだ」と考えることでしょう。「顧客の考えを理解しよう」「顧客の満足度を高めよう」などと思うかもしれませんが、実はそう簡単ではありません。

なぜなら、顧客である彼らがなぜ大切なお金を支払い、商品を買うのか。売り手（あなた）の側から考えても、なかなかわからないからです。いいえ、わからないどころか、通常は相当ズレてしまいます。

そこで、よく言われる３Ｃが登場します。マーケティングを学んだ方は、よくご存じでしょう。

３Ｃというのは次の３つの言葉の頭文字です。

●顧客、市場（customer）
●競合（competitor）
●自社（company）

ここではあえて詳しくは述べません。が、市場と競合を分析することで成功するためのポイントを見つけ出し、自社の戦略や展開などを導き出す「3C分析」などで、この3つのフレームワーク（枠組み）が使われます。

3つは同じような位置づけに見えますが、順番には意味があります。この順番のとおり、やはり最重要は顧客なのです。

とはいえ、いくら3C分析を駆使しようが、なかなか顧客の本当の気持ちはわからないものです。なぜなら、売り手やつくり手は、どうしたって顧客とは立場がまったく違いますから。

## 顧客満足度とは何？

「顧客満足」と「顧客満足度」を同義とする解説も見られますが、ここではアート引越センターも縁の深いオリコン顧客満足度®ランキングの解説に従って話を進めていこうと思います。

まず、顧客満足とは、企業が提供するサービスや商品によって顧客に満足してもらうことを目的とした概念のことです。例えば、小売店なら商品の品質・機能、価格、店員の接客態度、サービス、代金支払い時の待ち時間、衣服の補正などに要する期間と費用、店の内装、設備、雰囲気、交通アクセスなど、多面的に評価されることになります。それぞれの項目が顧客満足を得るためには、それぞれがどういうレベルにあるべきかという観点から、マーケティングに取り組む場合の一つの重要な要素となるものです。英語の〝Customer Satisfaction〟の頭文字を取って、一般的に「CS」と言われています。

ただし、「顧客がどれほど満足したかどうか」は本来漠然としたもので、まさしく個人の主観によるものです。そこで、その満足の度合いをアンケートなどの調査によって数値化し、客観的に評価できる指標として可視化されたものを「顧客満足度」と言うわけです。アンケート調査には、対面でのヒアリング、Webでの調査、アンケートはがき等、様々な手法があります。

それらの調査結果をもとに、販売店や営業員（店員）の評価を決め、以後の営業活動に反映させようという企業も多くあります。また、顧客は満足を感じたときに物品を購入するのですから、その度合いを評価することで新しい商品の開発につなげるという企業も多いようです。

顧客満足とは何かを考える上で、大切なことが二つあります。

ひとつは「顧客満足は絶対値ではない」こと。そしてもうひとつが、「事前期待（期待水準）と実績評価（知覚水準）の『相対値』によって顧客満足は決定される」ということです。

この二つ目が重要です。いかに素晴らしい商品やサービスであっても、事前期待があまりに高いと、結果的に満足度は低くなってしまうからです。

例えば、外食で考えてみましょう。あなたは広告を見て美味しそうだなと思い、レストランに入りました。そのときの反応には次の3つのケースが考えられます。

（a）予想以上に美味しかった。
（b）予想どおりの美味しさだった。
（c）期待外れだった。

もうおわかりでしょう。継続的に顧客満足度を高く保つには、実績評価が事前期待を超え続けるという難業を成し遂げなければならないのです。

つまり、「顧客がサービスを受ける前に抱く事前期待を、サービスを受けた後の実績評価が上回ったときに得られる」のが顧客満足度だと考えることができるのです。

ただし、注意すべきこともあります。「お客様から喜ばれる」という勝手な思い込みから生まれたサービスは、かなりの割合で「余計なお世話」だと思われるということ。

顧客満足度について考える場合「いかにお客様に喜んでもらうか」のみに焦点を当てているのであれば、実績評価を大きくすることしか考えていないので、十分とは言えません。相対の一方である事前期待をつかまないことにはサービスとして成り立たず、顧客満足は得られないという結果に終わります。

## 顧客の満足・不満足を決めるのは……

前述のとおり、商品やサービスに対して顧客が満足したかどうかは、事前期待（期待水準）と実績評価（知覚水準）の相対評価によって決まると考えることができます。事前期待を実績評価が上回れば満足、逆ならば不満足となるわけです。

その事前期待にも、実は様々な種類があります。例えば、理想（こうあってもらいたい）、規範（こうあるべきだ）、予測（こうだろう）、許容限界（せめてこれくらいは）などです。この中で、満足・不満足を大きく分けるのが予測的期待です。予測的期待がどの程度かということが、顧客満足度の生命線とも言えます。

つまり、顧客満足を得るためには、いかに顧客に喜んでもらうかではなく、顧客の予測的事前期待を知ることが極めて重要になります。顧客が何を求めているのかというニーズを知ることで、必要としているものを提供することができるのです。

そのためには、顧客を管理し、顧客の声に耳を傾けることが大切です。企業は様々な方法を駆使して顧客ニーズを把握し、顧客管理ツールを導入することで顧客の管理ができます。その中から選び抜かれた情報をもとに顧客の予測的事前期待に応え、その満足を顧客に繰り返し経験させることで、企業のブランド力を向上させます。そうすることで企業や商品に対するファンが増えることが期待され、さらなる利益を呼び込んでいきます。

その実績評価の「知覚」について詳しく申し上げると、商品やサービスを主観的に評価することで表れる「知覚品質」と、コストパフォーマンスを表す「知覚価値」があり、顧客がこれらを総合的に判断した結果が、満足・不満足に繋がります。

つまり、単純に商品やサービス自体のクオリティだけではなく、コストパフォーマンスも重要な要素となるということです。当たり前ですが、安価なものにはそれほど期待しませんが、高額なものへの期待は大きくなりますから。

ところで、事前期待と実績評価の相対評価によって顧客満足度が決まるのであれば、事前期待を下げておけば顧客満足度は必然的に上がるのではないか？　となりそうですが、そうはいきません。当然のことですが、一定程度の事前期待がないと購入してもらえないからです。よって、事前期待をあまり下げるわけにはいきませんし、すでに購入済の方は、購入実績が最低限の事前期待となってしまっているのです。

さらには、同業他社の商品やサービスを受け、そしてその品質が高かった場合は、いっそうハードルは上がってしまいます。

## 2 顧客満足度が企業にもたらすもの

### 「ニーズ」こそブランド力のもと

顧客満足度を向上させるには、顧客が望むものを顧客が求めるタイミングで提供し、その商品やサービスが顧客の期待以上のクオリティである必要があります。そのためには顧客が望んでいるニーズを知ることが重要であり、顧客が気づいていないニーズを提供してあげることも効果的です。

ニーズを知るためには、インターネットも非常に有効です。顧客は興味を抱いているサービスや商品について検索していることが多く、その検索しているキーワードは顧客のニーズそのものであるとも考えられます。ターゲットとなる層がどのページにアクセスしているのか、どのページでWebサイトから出るのかを知ることでも、ニーズが把握できます。

顧客の声をいかにサービスや商品に反映させていけるかということに、顧客満足度向上の鍵が隠されています。

ただしニーズを知るという点では、アンケートには限界があります。なぜなら、暗黙のニーズが拾えない、もしくは拾いにくいからです。つまり、顧客の期待値を知ることにはどうしても限界があるのです。

その意味でも留意していただきたいのが、知るべきは「ウォンツ」ではなく「ニーズ」であるということ。ご存じの方も多いでしょうが、ウォンツは「そのもの」を指します。例えば、〝サングラス〟や〝シューズ〟です。一方、ニーズは必要性です。サングラスでたとえるなら、〝紫外線からの目の保護〟であったり、〝おしゃれ〟であったり、〝顔を隠す〟だったりということです。

あまりウォンツに着眼点を置きすぎると、このような本質が見えなくなって、商品やサービスのバリエーションに走ってしまうことになります。

顧客を満足させるためには、企業は顧客のニーズに合わせた商品やサービスを用意する必要があることはおわかりでしょう。顧客は、企業から提供された商品やサービスによって満足を体験します。その満足体験から商品やサービスを記憶し、満足体験を何度も繰り返すことで、ひいては企業のブランドが成立していくことになります。顧客に提供した満足度の高いサービスを何度も体験させることによって、企業自身のブランド力が高められるというわけです。

このブランド力はまた、従業員のよい意味での「プライド」や「誇り」を高め、モチベーションとサービス品質を向上させます。「恥ずかしい仕事はできない！」という力が働くのです。

このように、企業のブランディングは、対外的にはもちろん対内的にも極めて重要なものです。もちろん、直接的な利益をもたらすことは少ないかもしれません。しかし、強い企業であればあるほど、顧客の立場で商品やサービスについて考えるよい機会であり、利益へつながるきっかけにもなると考え、ブランド力を高める取り組みを継続的に行っているのです。

このあたりも、アート引越センターの高い顧客満足度の秘密に繋がっているように思われます。

## 顧客満足度向上は収益性も高める？

実際に、アート引越センターは顧客満足度の向上とともに増収増益が続いています。

顧客が商品やサービスを提供する特定の企業に対して、愛着や忠誠心を抱くことを「顧客ロイヤルティ」と呼びます。顧客が商品やサービスに満足すれば、リピーターや常連客となる確率は高くなり、自ずと顧客と企業との結びつきも強固になっていき、顧客ロイヤルティは高まっていきます。

また、他の人に勧めたり、長く愛用したりすることで、結果的に企業の収益性にも大きく寄与します。つまり、顧客満足度の向上が顧客ロイヤルティを高め、企業の収益性を高めることに繋がると言えます。まさに、アート引越センターの事例そのものです。

仮に顧客側が満足を得られると、友人や家族などにその商品やサービスを勧めたり、ブログやSNSなどで紹介したりするなど、いわゆる「口コミ」が発生します。この口コミによって、新たな顧客を生むことは多々あります。

さらに、顧客満足を実現している企業や組織は、「従業員満足」（以下、ＥＳ）も実現しているところも多いようです。従業員が適材適所で働き、労働に見合った報酬を得ることで、商品やサービスの品質が保たれます。さらに、それによって顧客の満足につながり、顧客ロイヤルティが高まることで収益性も上がり、従業員もさらに満足する。こういった好循環が続くことは、企業としての理想型と言えるでしょう。

特にサービス業では、従業員が直接顧客に接することになるので、従業員のモチベーションや気分は大きく顧客満足度に影響します。ですから、従業員満足度の向上もとても重要となります。もちろん、アート引越センターも重要な施策として掲げています。

ただし、ここで忘れてはならないのが、お客さまの「不満足」によってどのような影響があるのかということ。様々な調査研究がありますが、特に次の２点について注意しておく必要があります。

1. 不満を持ったときに苦情を申し立てるのは一部の人に過ぎない。多くの人は、黙って次回からの購入を停止する。

2．不満を抱いた人の非好意的口コミは、満足した人の口コミよりも影響が大きい。

満足していただいたお客様からは継続的利用が得られ（固定客）、口コミを通じて新規客も獲得できます。

反対に、お客様に不満足をもたらすと次回の購入の機会を失い、口コミでネガティブな感想が大きく広まることも考えられます。場合によっては企業に対して「苦情」という形で伝わることもあり、潜在的なお客さまをも失うことになります。よくない情報は、ＳＮＳを通じて驚くほどのスピードで拡散されていくもの。近年では廃業に追い込まれる企業すら発生していますので、注意も必要でしょう。

ただし、ネガティブな意見を改善することができれば、「顧客満足」に変えることも決して不可能ではありません。

## 顧客満足を高めるための心構え

顧客満足という言葉が「当たり前」になりつつある昨今、顧客の事前期待の水準はますます上がり、以前ならば満足してもらえた商品やサービスでも、「こんなものだろう」と満足感が薄れることも少なくありません。また、事前期待が高いからこそ、それに対する実績評価が低かったとき、顧客不満足から失望感へと繋がってしまうこともあります。

企業におけるCS活動は、その明快な答えが見えづらくなっているのも現状です。


そんな窮状を打破して顧客満足度を向上するポイントとして、まず強調しておきたいのが「やるべきことをきっちりやる」ことです。つまり、企業が顧客に対して果たすべき責任を、継続的にきっちりと果たすことです。

どんな大企業でも、このポイントを実行できずに顧客満足度を落としてしまうことはあります。

「やるべきこと」というのは提供する商品やサービスによって違うので、これに関しては企業ごとに考えていただかねばなりませんが、それをきっちりとやることが顧客満足度向上への一番の近道だ、ということはご理解ください。


次に、顧客が要求する以上の行動をする際は、顧客の心情を丁寧に読み取った上でどういった行動を取るかを真剣に考えることが大切です。自分がよかれと思って取った行動が、顧客からすれば迷惑に感じるかもしれません。「そんなことはいいから、やることきっちりやってくれ」と考えるかもしれません。

顧客満足度を向上させるための行動は、自己中心的でも利己的でもいけないというわけです。

また、顧客満足度を定期的に測定することも重要です。

当たり前の話ですが、定期的に定点観測を行わないと現状把握ができませんので、改善活動が行えるわけがありませんね。

顧客満足度を向上させるにあたって「ロイヤルティの高い顧客ほど歯に衣着せない意見を言う」ということから、そうした顧客を調査対象にすることも多いようです。しかしロイヤルティの高い顧客というのは、結局はその企業に対して肯定的な意見を持っている人たちなので、かなり企業寄りの視点からの意見しか聞けないかもしれません。そういう調査結果から顧客満足度向上の施策に取り組んでも、ロイヤルティの高い顧客がさらに満足するだけ、という結果になりかねません。

顧客満足度調査を実行する際は、ロイヤルティの高い顧客はもちろん、そうでない顧客までまんべんなく対象として実行することが大切です。アート引越センターで行われているような、偏りのないアンケートがよいデータと言えるでしょう。

そうした客観的な顧客満足度データに基づき、商品やサービスが顧客からどう評価されているのかを知ること。さらにそこから、ターゲットを絞った商品企画や開発、サービスのカスタマイズなど、既存の事前期待に当てはまらない新たな価値をつくり上げることです。それこそが、「顧客満足」やその先の「顧客感動」へと繋がるのではないでしょうか。

## 採算度外視の顧客満足度向上施策はダメ

ビジネス書の中には、採算度外視でも顧客満足度UPを、とも受け取れるような記述もありますが、それではビジネスとは言えません。もし採算を考えずに顧客満足度を高めるのであれば、極端な話、営業活動を行わずに現金を配付すればよいことになってしまいます。一時の販売促進活動は別として、トータルで赤字になるような商品やサービスは最早ビジネスではなく、顧客満足度云々以前の問題です。

また、採算度外視の行動を取ったからといって、それに顧客が満足するとは限りません。むしろ、同業他社の雇用や採算に対する影響、ステークホルダーに対する影響も計り知れませんので、顧客から反感を買うことすらあるかもしれないのです。

あくまでもバランスを考慮した施策に取り組む必要があります。

「顧客満足とはお客様に喜んでもらうこと」などと考えている人、大いなる勘違いなのですよ。

## 顧客満足と経営理念浅からぬ関係

顧客満足度向上は企業の様々なメリットに繋がることは、ここまで述べてきました。が、本章の締めとしておさらいしてみようと思います。

顧客満足度を向上させると、自社ファンの割合が大きくなります。

また、顧客満足を向上させることで、商品やサービスを提供している企業に対してロイヤルティ（愛着）を持つ顧客が増加します。結果として表れるこうした顧客の特徴には、次のようなものがあります。

●リピーターや常連になる
●口コミで新規顧客を連れてくる
●継続的に契約を結ぶ顧客が増加する

誰でも、気に入った商品やサービスはリピートしたいし、紹介したいものですよね。
同様に、高い満足感を与えて顧客満足を向上させている企業は、長期間、継続的に顧客との契約や関係を維持することができ、結果として利益をもたらしています。

でも、ちょっと待ってください。それは本質的な目的なのでしょうか?
例えばアートコーポレーションでは、次に挙げる5つの経営理念を掲げています。

●夢を共有する、強い会社・楽しい会社を目指します。
●暮らし方を提案する企業を目指します。
●「the0123のブランドイメージを高め、すべてのサービスに展開していきます。
●CS(顧客満足)とES(従業員満足)を経営の基軸に置きます。

●当社をとりまく関係者の共存と、社会貢献を実践していきます。

これらの理念を実現するには、何が必要でしょうか？

そうです。冒頭に申し上げたとおり「顧客」なのです。

その「顧客満足」を実現するための接点となる最前線の「現場力」について、第2章から見ていきましょう。

# 第2章

# 〝現場力〟のヒミツ

※本章と第3章は、筆者（金澤）のアルバイト体験をもとに構成したフィクションです。

## 1 アート引越センターのベースにあるもの

### オリコン顧客満足度®調査3年連続ナンバーワン

透き通る青空。

葵わかなちゃんが口ずさむ「♪アート引越センターへ♪」

0123と大きく描かれたトラック。

そして、さりげなくテロップがドン！

「7度目顧客満足度No.1（2019年オリコン顧客満足度®調査引越し会社総合1位）」


引越し業界・最大手のアート引越センターは、1976（昭和51）年に創業しました。母体は寺田運輸という小さな運送会社。その頃は引越し会社というものは日本に存在しておらず、みんな自分自身で、あるいは親戚や会社の同僚などの力を借りて引越しするのが普通でした。レンタカーだったり大八車だったり運搬手段は様々ですが、エンヤコラと汗水流して……。引越しの専門業者が存在しなかったので、当然と言えば当然のことです。

そして引越しの後は、お手伝いしていただいた方たちへのお礼を込めて、寿司やビールで宴会！　が定番でした。

今ではそんな光景は珍しくなってしまいましたね。引越しは引越し会社に依頼することが普通となりました。そんな引越しを初めて仕事にしたのが、アート引越センター（現アートコーポレーション、以下アート）だったのです。

そのきっかけは……。

76年のある雨の日のこと、寺田寿男さん（現代表取締役会長）とその運転する車に同乗していた妻の千代乃さん（現代表取締役社長）は、引越し荷物を積んだトラックが路肩に停まっているのを見かけます。平ボディの荷台に載せられた家具が雨に濡れないよう、ドライバーが懸命に幌をかけていました。

「まあ、なんて気の毒なことでしょう」

そのとき、「引越しを仕事にすること」を思いついたのです。

「うち（寺田運輸）のトラックなら屋根があって、濡れずにお引越しできる！」

アート創業の年は、おりしも73（昭和48）年の第一次オイルショックのあおりで不況の真っただ中。寺田運輸も、固定の取引先の仕事がメインで専従の営業部員も配していなかったので、ピンチに立たされていました。当時の寺田運輸の業務内容では、平日は固定の仕事でトラックが出払っている一方で、休日はただ駐車場に停まっているだけでした。そこでひらめきます。休みの日もトラックを動かせばいいのではないか⁉　お客様の困りごとにも対応できるのではないか⁉

雨の日に見た引越しと、寺田運輸の経営を助けようというアイデアが重なります。ちなみに、同じく76年の運輸業界といえば、大和運輸（現ヤマト運輸）が「宅急便」という個人宅配を始めた年でもあり、運輸業界も一大転換期にあったわけです。

当時、寺田運輸の社員たちは、団地にチラシを配るなどの営業を早速に開始。引越し業の需要自体はありそう、という光が差していました。ところが、ポツポツ仕事が入り始めたものの、別の壁にぶち当たったのです。

それが、「サービス業」という高い障壁！

引越しを担当するのは、平日に運送をやっているドライバーです。体力はあるし人柄もよく、運転技術も巧み。しかしながら、いかんせん接客業の経験がありませんでした。また、仕事で接する人たちも、同僚はもとよりお客様も男性が中心だったので、主婦が顧客接点の中心となる接客に関しては、なかなか期待どおりとはいかなかったのです。

こちらとしては丁寧に接しているつもりなのに、ぶっきらぼうな態度に映る場合もあったようで、お客様の満足度は安定しませんでした。

そこで、寺田運輸を率いてきた寺田夫婦は「引越しは運送業の延長ではない」との認識を行動に移します。新しくつくった引越しビジネスのために、直接お客様と接してきた接客業の出身者を中途採用することに決めたのです。

## 「引越しはサービス業」

これは、現在も続くアートの考え方です。

〝しかし、サービスとは果たして何ぞや……〟

このときから、アートの果てしない取り組みが始まりました。
「あ！　引越しってビジネスになるんだ」と気づいて、追随する他社を振り向きもせず、ひたすらお客様の方向だけを見て前進。その後ろに多種多様な引越しサービスが築かれていきます。

アート引越センターの前に道はない
アート引越センターの後ろに道はできる

アートが現在でも他社に先んじてお客様のニーズをしっかりと把握する傾向にあるのは、そういった歴史が背景にあります。お客様の声に真摯に耳を傾け、そして声なき声をヒアリングしようと真剣になっている。すると、自ずと答えは導かれます。その後の、引越しビジネスに追随する他社が仕掛けてくるのは、主に価格勝負。しかし、他社と争って価格を下げることよりは、愚直にお客様だけを見て、日進月歩サービスを向上させる。そして、『あったらいいな』をキーワードに、困りごと発見に全力を傾注しました。

冒頭のテレビＣＭの紹介でも触れましたが、アートはオリコン顧客満足度®調査の引越し会社ランキングで３年連続ナンバーワン（４年連続の後、１年空けて３年連続通算７度）に輝いています。こういう数字の存在も、現代の消費者があいまいな顧客満足なるものにはっきりとした指標を求めているからでしょう。サービスの質を基準とする消費者が増えているのです。

オリコンは音楽などでランキングをしてきた実績を基に、顧客満足度をランキングしていますが、昭和から平成に移り、令和に入った時代の変化に合わせるように、企業における経営課題の中でＣＳが占める割合は、ますます拡大の一途なのです。

〈オリコンでは、「満足を可視化する」をテーマに、２００６年から実際にサービスを利用したユーザーのみを対象にした大規模なアンケート調査を毎年実施。満足度に関する回答をもとに「顧客満足度ランキング」として指標を作成、当サイト上で広く公開しています。また、満足度と併せてサービスを利用する際の重視点、推奨意向、再利用意向など様々なマーケティングデータも聴取しており、多角的に分析を行った「調査・分析レポート」の提供を行っています。〉（オリコン顧客満足度®ＨＰ）

## 2 ヒミツの答えを求めて現場潜入！

### 答えはいつも現場にある

顧客満足度ナンバーワン企業を取材し続けて半年。本社の幹部職の過半数以上のヒアリングが終わりました。が、真剣にヒアリングしたにもかかわらず、肝心の〝顧客満足度のヒミツ〟がわからないというジレンマに陥ります。そこで筆者はある日思い立ち、アルバイトに応募することにしました。

青と白のユニフォームを身にまとい、０１２３と書かれたキャップを頭に載せて、白い段ボールを運び、顧客満足度の秘密を探ろうと考えたのです。

当然ながら、本社に乗り込んでインタビューをしていると、理路整然と理解しやすいお話を頂戴しています。しかしながら、実際の現場で働いてみて初めて理解できることもあるはずです。

充実したサービスは美しい主旋律、顧客第一主義は美しいハーモニー。洗い立てのユニ

フォームを着たスタッフが、真っ白な歯を見せて笑う爽やかな姿が脳裏に浮かびます。

「涙が止まらないホスピタリティ！　御社は間違いなくお客さま満足度ナンバーワンでしょう！」と疑いの余地もない。

（いやいや。しかしその言葉が、現場でどのように本当に実践できているのかを、ズバリ確認したい……）

なぜ、そう思ったかというと、引越しの作業はアルバイトが従事することも多く、アルバイトスタッフはある程度、日替わりのはずです。その日替わりのスタッフをいかにマネジメントするのか？　これはとても難易度の高いマネジメントのはずであり、頭で考えることとは随分違うはずだと考えたのです。通常、アルバイトは働いた分の給料を頂戴して帰ることが主眼であり、「稼ぎたい」を主目的に訪れるアルバイトに「お客様のために」なんて言っても、現実的にはどのように実践させているのだろうか、と考えたのです。

「決めた！　ひとつ、筆者なりのやり方で核心に迫ってやろうではないか！」

アルバイトを介していながらも、最高の顧客満足度を実現する現場とはいかなるものか。この目で確かめてやろうというわけです。

まずは登録。面接では「ライターさんですか。引越し業ですよ。頑張れますか?」と念押しされました。当然のことです。そう言われると、ライターや編集者なんて、机の前に座ってパチパチやる仕事なので心細い。今さら引き下がれないので、「お願いします」と頭を下げます。

最初にビデオでお勉強です。「引越しはサービス業です」から始まり、「サービス業」である旨をしっかりと解説された20分。

隣人にすれ違ったらキャップを取って挨拶しましょう、礼儀であることはもとより、隣人は潜在顧客でもあるからです。

新居に入るときは必ず靴下を履き替えましょう。

ピアス禁止、茶髪ダメ、マニキュアダメ(筆者はピアスでも茶髪でもありませんが……)。非常に厳しい! ある程度、大目に見るぐらいじゃないと人材不足に陥るのでは? と、要らぬ心配すら頭をもたげます。

気づいたのは、これらの理念や注意事項が、面接時のみならず何度も何度も繰り返し伝達されること。面接の時点から経営理念をたたき込む! のです。ビデオを見せ、ハンドブックも渡し、それはもう念入りにフォローされました。

## ダイバーシティあふれるアルバイトを統率できるリーダーの育成

ある若い女性スタッフは、ヴィトンのエレガントなバッグを持ってトラックに乗り込んでいました。思わず筆者は二度見……。ですが、確かにお客様にバッグを見せるわけでもなく、しっかりと制服に身を包んでくれたら問題はありません。

本当にいろいろな方が来られるんだなぁと、リーダーの苦労がしのばれました。

さて、面接終了。「働きたい場合、前日に電話してください。仕事の調整をして、来ていただきます」とご担当者。ちょっと耳を疑いました。この方法だと、予定が立たなくて困るではないのだろうか。しかしこれがベストなのだと、後に納得しました。ここまでフレキシビリティでないと人材が集まらないのが現状なのです。

ただし、この状況で顧客満足度を上げようと思うと、多様性の高い人材を活用するという非常に高難度なマネジメント力と、強いリーダーシップが必要となるはずです。

## 清潔感はよいサービスに繋がる

「明日働きたいんですけど」
「はい、お願い致します。大丈夫ですよ。登録番号は何番ですか？　判子とマイナンバーカードをお願い致します」
「わかりました」

アルバイト初日――。
テレビでおなじみの青と白のユニフォームに着替えて待ちます。「あれ、ユニフォームから芳香剤の香りがする！」と気づいて、見ると支店には3台もの洗濯乾燥機があり、稼働しています。洗濯も業者に頼まずに自分たちでやるという徹底ぶり。自分たちでやるという起業家精神はここにも見え隠れしているな、となんとなく感心しつつ、フローラルのいい香りに気持ちが上がってきます。さらに白い靴（アートシューズ）に履き替え！

アートのサービス品質で重要なポイントのひとつは、清潔感です。引越しなのに真っ白な段ボール。青と白の制服。白い靴と靴下は汚れたらすぐにわかる、つまり清潔にということです。

数々のサービスを追随されてきたアートですが、結果的にどこも追って来られないのがこの制服。白はすぐに汚れますから、コストパフォーマンスは言わずもがなですし、手間もかかります。同業他社の皆様、マネできるものならしてみては？　といったところでしょうか。

見た目だけではなく、バックヤードでも整理整頓と清潔が徹底的に要求されています。職人の世界でも、商売道具の整理ができない人はよい仕事ができないと言われますが、バックヤードの壁面には「整理整頓・清潔」の文字が躍っています。これはひとえに同社の会長や社長の方針、アートの会社方針が現場の最前線まで徹底されているからなのでしょう。

常日頃から整理整頓。トラックを美しく、荷積みを美しく。美しい職場は美しい仕事である――。

このような清潔感の徹底は、支店では習慣として徹底されています。上司から部下へ「キレイにしろ！」とつねに指導が入り、一日が終わると不要な資材はいったん片づけて、必要なときにトラックに積み込むことも徹底されています。

顧客満足度向上活動のひとつに「5S活動」があります。

- 整理　Seiri
- 整頓　Seiton
- 清掃　Seisou
- 清潔　Seiketsu
- 躾　Sitsuke & Syukan

最後の「躾」はしつけ。習慣づけのことです。頭文字を取って5つのS。

もし、あなたのお客様の満足度を上げたいとするなら、事務所をキレイにするのは一手。ザツな仕事をする現場のデスクはザツ、は定説です。筆者も一応机の上だけはキレイにするようにしています。あとは知らないけど……。

# 3 初めて接する現場力

## 気持ちのよい挨拶は必須

アルバイト初日の続き――。

新居にお邪魔するときのための白い靴下をふんだんに手渡され、トラックに乗り込みます。大量の靴下を見て「なんという贅沢」と舌を巻く貧乏性の筆者……。

引越しチームの基本形は2名以上です。社員のリーダーとベテランのアルバイト、間に何もわかっていない挙動不審な筆者……。

到着したのは一般的なワンルームマンションでした。リーダーは颯爽とトラックから飛び出してお客様に挨拶に行きます（さわやかな態度だ～）

私ともう一人のバイトさんは、台車や、マンションの壁を傷つけないための養生資材を降ろして準備です。台車ひとつ組み立てるのもモタモタする筆者……。

「挨拶！」

早速リーダーから声をかけられ、スタッフ3人ともお客様に顔合わせ。

「本日お引越しを担当させていただきます、３名です」

「〇〇です。お願いします」

「金澤です。お願いします」

次々脱帽して名乗りを上げて挨拶。アートには、全員がお客様に挨拶をしないと作業を始めてはならない、という規則があるようです。


〈リーダーがしっかりと挨拶してくれてから作業がスタートし何でも聞けるコミュニケーションがいいので。〉（公式ＨＰ お客様の声）

ルールを設けているのは重要なこと。脱帽して腰を曲げると、これからやるぞという気持ちの切り替えにもなります。それに、お客様と顔を合わせて名乗りを上げておくと、荷物を運んでいるときも荷主の顔が浮かびます。つまり、荷物に表情ができるのです。

このあたりは、アルバイトを含めて「アート引越センター」というブランドが気を引き締めさせる効果もあるように思えます。

一般的に、お客様の顔が見えない職場つまりＢ to Ｂの職場よりも、Ｂ to Ｃの職場のほうがはるかにサービスは向上すると言われています。２０１７年10月に発覚した日本企業の品質管理データ改ざん問題。神戸製鋼所をきっかけに三菱マテリアル、東レなどと続きましたが、不正が長期間、組織的に行われていた背景には、受注の獲得と納期の達成を至上命題とする企業風土がありました。

お客様の顔が見えない企業は、現場を目にする努力をしたほうがよいのです。実際に商品が使われている現場を見学したり、お客様の声を直接聞いたりする機会を設けることが大切です。例えばお客様の笑顔に接すると、生産活動が単純な労働ではなく意味のあるものに感じられます。

## 丁寧さを伝える所作の工夫

ところで、引越し業者の制服にはなぜキャップがあるのか、不思議に思いませんか？　もちろん汗を見せないという身だしなみや、汗で床を汚さないという合理性もあります。しかし、挨拶をするために脱帽するというひと手間、大袈裟に言うと所作が入ることで、挨拶そのものを美しく見せるという効果もあるのです。

ホテルスタッフなどは、15度・30度・45度と、ＴＰＯによって変わるお辞儀の種類を学びます。

一流ホテルのコンシェルジュによるお辞儀はなかなかの説得力ですが、引越し業者の脱帽挨拶もなかなかのものです。パサッと白い帽子を脱ぐ動きは、手品師が鳩を取り出したかのような鮮やかさ。再び帽子をかぶるとき、左手で（反対の手の人もいる）乱れた髪を整えるのも気持ちいい。挨拶にひと手間を加えるキャップは、顧客満足度の大きな秘密のひとつだと心の中のメモに書き込みました。

キャップのある職場の場合、キャップを取る挨拶を徹底すると、ロイヤルティがアップすること間違いなしです。

## なぜ、お客様の掃除機をお借りするのか？

トラック、お部屋、トラック、お部屋。台車で荷物をひたすら往復します。早い！　エレベーターで降りて昇るだけの私のスピードが、リーダーが降ろす荷物の量に追いつかない！私とベテランのリーダーとでは、技術に雲泥の差があるのです。

荷番を読み上げたり梱包材をくるむのを手伝ったり、比較的楽な作業を割り当てていただいているのは、私の能力を見越してのマネジメントなのでしょう。そうこうするうちに1時間。ベッドやテレビにたまった埃を、お客様の雑巾で拭き取ります。

この「お客様の」というところがミソ。つまり、こちらは雑巾を準備して行きません。これは仕事の範囲内ではなく、あくまでサービスでやっている、ということなのでしょう。

「お客様、埃がたまっていますね。何か拭くものはございませんか」

「ありがとう、ではこれを使ってください」

「お客様、お借りしました雑巾、そこにお返ししておきます」

「どうもありがとう」

題して、「ありがとうございます増大作戦」。これには無性に感心しました。

最後に床を清める掃除機も、お客様のものを使用。

「お客さまの掃除機をお借りしてよろしいですか」

「ありがとう」

「掃除機をお借りしました。ありがとうございます」

「いえいえ、ありがとう」

お客様とスタッフは、意識することなく何度も「ありがとう」を互いに伝え合うことになります。

あくまでスタッフは、お客様がやるべき作業を、仕事の範囲を超えてサービスしただけなのです。雑巾と掃除機を持ち込んで、しかも無言で行うのとでは、間違いなく満足度に差が出ることでしょう。第一章で解説したとおり、顧客の期待を超えるためには、サービスと業務の一線を明確にする必要もあるのです。

「ありがとう」と言われてイヤな気のする人は、まずいません。引越し業は、お客様から「ありがとう」と言ってもらえる仕事なのかもしれません。そうではない業種の場合は、お客様から「ありがとう」と言われる数を増やす努力をしてみるとよいのではないでしょうか。

## お客様が何に満足するかはわからない

顧客満足度とひと言で言っても、そこには様々な工夫がなくてはダメです。

「お客さまは神様」だから「ははぁー」ではありません。

ＣＳ推進室にお邪魔したときには、「時代に合わせた対応、お客様に合わせた対応」が大切だと伺いました。

「過干渉は逆にうっとうしい時代になってしまいました。アートは創業時には『引っ越しは主婦のもの』と考え、団地の主婦が喜ぶサービスを展開。コールセンターの応対をすべて女性で揃えたのも、引越スタッフに女性を含めたのも、主婦の安心感を狙ってのことです。

しかし、今は共働きが当たり前。専業主婦なる層も減りました。もはや主婦に合わせたサービスを押し出していると、そうではない人のニーズに応えられません」

今や単身世帯の引越しは激増。クローゼットなど、家具は備えつけが多くなっています。ダイバーシティ化が進んで引越しまでも多様化する時代となりました。

〝ありがとうの響きは刻々と変化する〟

アートはマニュアル重視ではなく、現場重視の身構えです。マニュアルは当然ありますが、いかに素早く困りごとを汲み取れる人材を増やすか。それが勝負です。

# 第3章

# 顧客満足を維持する仕組み

## 1 驚くべきプロ意識

### 種明かしはリーダー全員「あきんど（商人）」体制!?

読者の皆さんも、人材教育における骨折り損は、イヤになるぐらい実感されていると思います。正直、気の利く人材の育成など、モーゼがナイル川（紅海という説も）を渡るのと同じぐらい大変です。オールマイティな人材の発見など、化石の発掘調査並み。探しても、探しても見つかりません。

アートの現場はダイバーシティの最先端の世界だとすると、現場を率いる社員（リーダー）が要。ここを押さえなければならないわけです。

実際にバイトに入ってみて、インタビューでは気づかなかった、アートの顧客満足度を押し上げる重要なシステムとしての一側面に気づきました。それはズバリ、物販です。

引越しに向かう途中、リーダーはトラックの中で心配そうにつぶやきます。

「次のお客様、何か家財道具のニーズはおありかな」

アートコーポレーションでは、引越し時の必需品であるカーテンを始めとして、家具、家電など様々な商品を引越スタッフが販売しています。

防カビ・防ダニ効果のあるオリジナルマットに、畳の下・押入れなどの湿気を吸収するカーボンシート。とっても気になる洗濯機の下の汚れには、「洗濯機置き台かさあげくん」というすぐれた道具。洗濯機の下を掃除するためのかさ上げ台です。

他にも、照明器具や空調機器、キッチン家電、生活家電、家具・雑貨など、引越したときに、どうも必需品のような気もする〝かゆいところに手の届く商品〟がラインアップされています。

一軒の引越しが終わると、彼ら彼女らはサービス責任者からセールスパーソンに変わります。アートショッピングのエージェントですね。お客様に喜んでいただける物販を成功させれば、彼ら彼女らの評価は上がります。


当然、彼ら彼女らは考えます。お客様のニーズはどこにあるのか？　これはサービスだけではなく、必要な家財道具や備品についても同様です。顧客関係性を強化しないと、お客様の声なき声は聴き取れません。また、自分の声も届かないことになります。どうすれば、お客さまが好意的に耳を傾けてくれるのか。

「そやね、あんたも頑張ってくれたし、サイズの合わない電子レンジはこの際買い替えちゃう！」

「洗濯機のかさ上げとくと、お掃除できて便利だねぇ！」

「そういや、カーテンなかったなぁ。おたくから買おうか。このグリーンのレースなんかよさそうだね」


引越作業にセールスを巧妙に組み合わせることで、一人ひとりが創意工夫でサービスの質を上げます。

多少、引越しに手間がかかっても、お客様の声なき声を聴ける関係性を構築しておくと、結果的にモノも売れ、評価も上がるのです。

つまり、気の利くサービスの極意、ここにありました。彼らは一人の商売人として顧客第一主義を自ら発見し、工夫する。ズバリ、全員「あきんど（商人）」体制。これがアートサービスの秘密のひとつでした。

## 初日は失敗体験＆ビックリ体験

さて、話を戻して、初日――。

荷積みが終わると、筆者はアルバイト初日にふさわしく大失敗をやらかします。

「エレベーターの養生、外しといて」というリーダーの声に、一路エレベーターへ。

すると、養生している青いパネル（プラスチック段ボール＝プラダン）がありません。そこに目についたのが、どこのエレベーターにもあるグレーの養生パンチ。「これのことかな……」というので剥がしにかかったまさにそのとき、気づいたリーダーは茫然……。

「これは剥がさんでエエねん！」

「スミマセン！」

私の愚かなミスで、グレーのパンチをエレベーター内に張り直し。ハイ、10分ロス！

気を取り直して一路、別の現場へ。市場へ運ばれる牛ではないけれど、「ドナドナ……」と30分。

中間地点の仕事と清掃を当てがわれ、たいしたこともしていないのにトラックのシートの真ん中でついウトウト。でも目の前には「同乗者は居眠りすべからず」「運転の安全に気を配れ」という張り紙が……。移動時間は休憩時間ではない、助手には助手の仕事があるのだ。わかってます！　しかし、瞼はもはや別人格……。

別のセンターに到着し、トラックからグリーンの巨大な台車3台にワンルーム分の荷物を積み降ろして、再び出発。おそらくこの荷物は遠方に行くか、しばらく預かるのだろう。時計を見ると12時。ホッと胸をなで下ろすやいなやリーダーの声が……。

「ちょっと休憩しましょう。次は今日のメインのお引越しです」

「え⁉」

聡明な読者のあなたはもちろんご存じでしょう。恥ずかしながら筆者は知りませんでした。引越し作業は1日1件だと思っていたのです。半年も取材を続けてきて、1日に何度も引越しを繰り返すという、この基本的事実を知らなかったことに衝撃を受けました。やはり現場を見るって大切ですね。

よく考えれば、なるほど時間の許す限り何軒作業してもよいのです。というか、何軒も行かないとビジネスとして成立しません。

しかし、今までは引越しする側。人生でそう何度も引越しをやるわけでもないので、ついその感覚でとらえてしまっていました。考えてみれば、結婚式場も葬儀場も1日に何回転もします。引越しビジネスだって当然と言えば当然。この引越しベルトコンベアーの中でお客様を満足させていくのかと、改めて目から鱗でした。

一方で、この認識の差がお客様とスタッフとの差でもあると気づきました。お客様にとっては人生初めての引越し、一生に一度の引越しかもしれないのです。1日がかりの大イベントですし、人によっては事前準備、後片づけとなると1週間か、いや1カ月かもしれません。しかしスタッフにとっては、よほど意識しないと1日のうちに複数回ある引越しのひとつになってしまいます。

顧客満足度を考える上で、このギャップを忘れないようにしなければなりません。お客様が増えれば増えるほど、忙しくなればなるほど、リメンバー〝Client's point of view〟なのです。

ということで、我々はメインのお引越しに備えて休むことになりました。移動の時間に車中でウトウトしていたので声を大にしては言えないのですが、よく考えれば朝から12時まで一切休んでいません。座り仕事ならまだしも、どちらかというと自分なりに頑張っている状態が続いたのです。あぁ、彼らはとても速い……。階段を一段飛ばしで駆け上がり……。スピードも品質のひとつ。さすがでした。

## 引越しは技術

ところで、アルバイトが多くを占める引越しですが、実は誰でもできる仕事ではないのです。現場経験の豊富なエントランス部の責任者様曰く、「引越しは技術！」。

実際にアルバイト経験を経てみると、大いに同感です。

大型トラックの運転は技術が必要で、しかも毎回違う場所に行くので、土地勘も必要です。大型トラックで狭い路地をぐるぐる迷おうものなら、それはシェイクスピアもびっくりの悲喜劇。最小限の左折・右折で的確に移動し、寸分違わず駐車しなければなりません。

技術はいろいろです。荷物の持ち方やプラダン（養生用）の扱い。神業的なベッドの組み立てや家具の分解術。これが〝アブラカタブラ〟で分解しているのではと思うほどスピーディーなのです。

リーダーが複数の段ボールケースを持って部屋に入っていくのを見たときは、サーカスの軽業師かと仰天しました。

「荷物は下から持つと腰を痛めない」

「荷物は左手を下、右手を上にと対角線上に持つ。バケツリレー（受け渡し）の際に互いの手がクロスして絡まらないようにする」

こういった、ちょっとしたコツには目から鱗。

なるほど、初日＆素人の筆者に事細かに説明しなかったのは、最初からできるハズがないと思っていたからなのですね。

「落とさないでね！　1個にしてね!!!!」

「ゆっくりやって！　丁寧にやって!!」

そんな具合によく声をかけていただきました。

1日目より2日目のほうが荷物は軽くなる。1年後には空の段ボール3枚が持てなかった女の子でも、本が詰まった段ボールを持てるようになるそうです。階段を軽々と上れるようにもなるらしい。そして「引越しは面白い」と思う日がやってくる。エキスパートが誕生するのです。

よく考えてみれば、どんな仕事にも技術は必要です。それぞれに〝ならでは〟のコツがあるものです。極めようと思えばどこまでも深掘りできるでしょう。自分たちの仕事に〝技術〟が必要だとわかれば、そこにプロの誇りが生まれます。

現場で働く人に誇りをもってもらうには、「あなたたちは、他の人にはない技術をたくさん持っているプロだ」と日々伝えることが大事なのです。

## 2 アンテナを張り巡らす

### どこにお客様の満足があるか観察せよ

次の引越しは3LDKの間取り。大きなファミリー向けマンションから、さらにグレードの高そうな近所のマンションへの移動です。

部屋に入ると、几帳面に梱包された段ボールが並んでいます。アートの梱包材は大変優秀で、クローゼットの中身をそのまま運べる洋服かけタイプの「ハンガーBOX」や、食器を梱包材にざくざく刺して収納できる食器ケース等の「エコ楽ボックス」シリーズなどもあって、お客様とスタッフの手間を考え合わせた工夫の連続に思わずうなってしまいます。

しかし、今回のお客様はハンガーBOXを使うことなく、洋服もすべて畳んで段ボールに詰めてある。筆者のような素人は梱包の手間が省けて「ラッキー」と目を輝かせたのですが、リーダーはちょっと考える目つきになりました。照明器具も、箱に取りつけてあるフックに引っかけると中でずれないというエコ楽ボックスの照明ケースがあるのですが、それについてもお客様が「傷がつきやすいので、手で運んで」と指示しています。

リーダーは平然とした顔で対応していましたが、トラックの中でキラリと目が光りました。

「今回のお客様は、より慎重で丁寧さを求める方だな」

## 会話でサービスの所在地を突きとめよ

引越し先に着くと、奥様も一緒に待機しておられました。そこは前よりもグレードの高そうな、高台にそびえる瀟洒なマンションでした。美しい街路樹、ランドセルを背負った子供たちの笑い声。こんなところに住みたいなぁ……と、ボーッとする筆者。

しかしリーダーはお客様の最前線に立ち、次々と荷物を運び入れます。小雨が降りだしたので、荷物が濡れないようにビニールシートで覆うなど、なかなかの難易度です。終わりに差しかかるとリーダーから声がかかります。

「金澤さん、本棚を組んでください」

そこで奥様が声をかけてくださる。

「あ、それはそのままで。私やりますから。せっかくだからキレイにしたいから」

よく見ると、奥さまは除菌シートでゴミ箱をひっくり返し、その裏底を磨いています。

バイトリーダーはそれを目ざとく発見、奥様にさりげなく声をかけます。

「ゴミ箱の裏側って、わりと埃がたまりますからねぇ」

「そうなの。わたし結構潔癖症で気になってしまうの」

その瞬間リーダーの目が光ったのを、私は見逃しません。


「ピピッ！　サービスノ所在地ハコチラデス！」


リーダーの対応は早い。まさに今組み立てているソファの脚を片手に、「ソファの脚の下に滑り止めのフェルトがありますけど、それに少し埃がたまっていますので、お拭きしますね」

奥様が「そうなの！　悪いわね。お願いします」と、早速除菌シートを渡してくれます。

「金澤さん！」

除菌シートでソファの脚を拭くのは、素人である筆者の役目です。リーダーが次々指差して、「あっ、ここも汚れているので拭いておきますね」

ということで、リーダーはあちこちに目を光らせて、普段は見えていない汚れの部分を指示しては、すべて拭くよう筆者に命じます。

「でも、いいんですか？」と遠慮気味の奥様。

リーダーはその日一番の笑顔を浮かべて言います。

「いえいえ。キレイにさせていただきます」

筆者は除菌シートを手にゴシゴシ。そのとき脳裏に浮かんだのは「顧客満足」の4文字でした。リーダーは間違いなく、お客様の満足がどこにあるのかを観察し、会話によってそれを探っていたのです！

## 潜在顧客という考え方

ところで、引越しのアルバイト経験がある人たちにヒアリングをしてみたところ、アートは厳しい規則が多いというイメージを持つ人がいました。アルバイトにもアートブランドが確立されているようです。

そういえば、引越し業者が食堂に入る姿を見たことがありません。我々は全身を０１２３ブランドでくるんでおり、めったな動きはできないのだと気づきます。街で出会う人も隣に住む人も誰もが潜在顧客という考え方は、現場の隅々まで習慣として浸透しているのです。

いつなんどき、誰が引越しをするかわからない。究極を言えば、アルバイト仲間だってお客様かもしれないのです。お引越し先のエレベーターですれ違った人も、トラックが邪魔だとクレームを出す隣人もそうです。だからつねに気を抜かない。すれ違った人にも脱帽で挨拶します。最初にビデオで見たとおり、礼儀もさることながら誰もが潜在顧客という考え方に基づいているのです。

〈営業の方がとてもわかりやすく一つ一つの荷物の値段を説明されて良かったのと品質と信用は近所の評判も1番でしたのでアートさんにして正解でした。また次の引越にお願いいたします。〉（公式ＨＰ　お客さまの声）

## 3 リーダー！　教えて！

### アルバイトにも小さなシンデレラストーリーを与える

　はっきり言って、仕事内容が同じことの繰り返しだとしんどいばかりで、お客様どころか道端に立っている電柱ですら憎らしく思えてきます（そんな筆者のために最近の電柱は地下に格納されつつあるのでしょうか……）。

　旧ソ連時代のシベリアでは、「人を埋められるくらいの穴を掘れ」と命令され、「埋められるのでは……」と恐怖を感じながら掘ると、「埋め戻せ」と命じられる。それを繰り返させるという、囚人に対する拷問があったと言います。無意味なことの繰り返しは人を精神的に追い込むのです。

　つまりどんな仕事でも、成長していく過程、上っていくべき階段のようなものをイメージさせてあげることは大事です。ですから、中間点とも言える踊り場を設定しておくことも重要になります。アルバイトだって、成長して晴れて一人前と認められるシンデレラストーリーを生きたいのです。

アルバイト初日の私も、もちろんそう思いました。緩衝材の役割を果たす布、「じゃばら」を素早くかけられるようになると嬉しかった。いつの日か段ボールも軽々持ち上げられるようになるという神話を聞くと、その境地を想像しました。そして、サバンナのチータのように階段を駆け上がる筆者の姿……。思い返すと、よいリーダーにめぐり会ったものです。それとなく技術を指導し、その先をイメージさせてくれましたから。

バイト先から帰宅すると、慣れない仕事の疲れからか、ソファに横たわった瞬間に昇天！となった筆者でしたが、ほとんど意識のない中で「引越し好き」の意味が少しわかったような気がしていました。

## 理念は、絵に描いた餅ではなかった

いいリーダーにめぐり会ったと思ったのは本当です。「引越しはサービス業」が絵に描いた餅ではないことを、早速証明してくれたのがリーダーでした。帰りの道すがら、助手席に乗る筆者に向かって、はっきりとこの言葉を口にしたのです。

「正直、運送屋さんと一緒にされると困るんです。だって俺らは、ただ荷物を運んでるのとは違う。引越しはサービス業やから」

〝引越しはサービス業!!〟

耳を疑いました！　ちらりと横目でリーダーの目を見ようとしたが、よく見えません。アルバイト初日の筆者に、「まさにこれ！」というアートの理念を伝えている！　なぜ？　都合よすぎはしませんか⁉。

本社での取材中、全幹部から何度も重ねて耳にしたのが「引越しはサービス業」という理念です。まさに現場で、これを普通に聞かされることになろうとは！

（うわ、逆スパイか⁉）

実は、リーダーは筆者の素性を承知の上なのではないか？　そんな疑いが脳裏をよぎります。

このリーダーは、同業他社の大手やら、もっと名も知られていない引越し業者やらを渡り鳥して、ここにたどり着いたらしい。さらに話を聞き出そうとする筆者。

「他の業者とアートって、なんか違うんですか?」

これは聞いておかねばと、背もたれから身体を浮かします。

「どの業者も人はおんなじ」

話してくれるのをいいことに、どんどん質問してみます。

「でも、アートさんはサービスがいいってイメージがあります。ほら、顧客満足度ナンバーワンって、よくテレビでやってますよね」

「アートブランド……というか、お客さんのイメージがあるから、プレッシャーあるよ。大手やから看板あるし、みんな変なことは絶対できへん」

なるほど、ブランドイメージが確立しているので、お客様にも上位顧客が多い。だから求めるものも高いので、スタッフはそれに応えようとするからこそのプレッシャー、ということのようです。

## アートのお客様は上位層の顧客

上位層の顧客、と書くと何か上品ぶっているようにも聞こえるが、それは違います。引越しに関して品質と品位を優先させている人が上位顧客です。なんでもかんでもやってほしいということではなく、むしろ積極的に手伝ったり、しっかり梱包をすませてあったり、きちんと挨拶をしたりしてくれる。アートが価格勝負にしないのは、こういったお客様をしっかりつかんでおきたいからなのです。

顧客のとらえ方について、話題になった例として二つ挙げてみます。

ひとつは、お家騒動で有名になった大塚家具。

創業者の大塚勝久氏によって、コンサル型の販売によるハイクラス向け事業モデルを確立していましたが、娘である久美子社長によって、時代に合わせた対応としてカジュアル路線に切り替えられます。しかし、業績が好転しないことから勝久氏と久美子氏の間で経営路線に対立が生じ、騒動のせいもあって上位顧客が離れて業績がさらに悪化しました。

この問題は父と子の対立、お家騒動などということでメディアが騒いだので注目されましたが、通常の経営課題としてもよくあることです。伝統と改革のバランスをどう取るのかということの難しさを証明しています。

この事例は、顧客の在り方をどうとらえるかの問題でもありますが、家具の購入という、家族の門出やお祝いごとに関係の深い家具の販売業で親子騒動を起こしてしまったという、理念をはずれた経営姿勢に起因しているとも考えられます。

もうひとつは、ホスピタリティの殿堂、東京ディズニーランド。

実はここ数年、急激に顧客満足度が下がっているといいます。パークチケットの価格を下げすぎればやってくるお客様のマナー平均値が悪くなったり、混雑することにより快適さが損なわれてしまう。逆に価格を上げると、価格が上がったことによる顧客満足度の低下がある。

こうして何度も価格改定を行い、顧客層の照準をあちこちに当てて調整を図っているようです。

そんななか、引越し業界のリーディングカンパニーであるアートは、うまく経営バランスを取ってきました。アートのターゲットとする顧客が求めている質を確保するために、〝まごころのこもった対応〟に投資する経営方針を一貫。アートグループの業績等の推移は右肩上がりです（２０１８年、第42期　売上高１０７９億円、営業利益１０１億円）。利益の取りやすい体制を維持しているのは、トップの経営手腕によるところも大きいと推測できます。

## 顧客満足度のヒミツの在り処

さて、リーダーへの質問はしつこく続きます。

「他社との決定的な仕組みの違いって何ですか」

「仕組みは違うよな……。そら、サービスしても評価されへんかったら、せえへんようになるやろ。残業代なしで日当だけやったら、わざわざエレベーターに養生なんかやらへん。はよ帰りたいしな。実際、他の会社ではそんな現場はいっぱいあった。家具をエレベーターにぶち当ててもお構いなし。ところがアートは、サービスしたらいろんな面で評価してくれる。そういうところちゃうかな」

つまりアルバイトの能力そのものには、A引越し社もB引越し社も変わりはないのです。アルバイトスタッフのレベルを上げるための重要事項は次の3つ。

- まずはスローガンをリーダーに浸透させている。
- よいサービスを看板にしている。
- スタッフのサービスを評価する制度と風土がある。

そのリーダーからは、引越し業の誇りを感じました。なんなら、ちょっと痺れたかも……。

「引越しってすごい技術だと思いました。私がなんとかできたのは、リーダーのおかげです」

「そやろ、ちゃんと面倒見るし……。俺、わりと面倒見たやろ?」

と、ボソッとつぶやく口下手な彼。

「ステキ! このリーダーについていきたい。一緒に働いて守ってあげたい。押し上げて出世させたい」

そんな思いがぐるぐると回ります。しかし、何の役にも立たない筆者。


現場にはやはりいろいろな課題や問題があります。

しかし、「引越しはサービス業」とリーダーから聞いた瞬間、顧客満足度のヒミツの井戸の底を見た気がしました。

「ああ、ゴミ箱の裏側を見るに似たるかな」

半年にわたるインタビューをするも、「顧客満足度のヒミツってなんなんだ!」と湧き上がった疑問のすべてが解決した感すらあります。

感動していました。これだけ大きな企業で現場が理念を実践している。

数日後に本格的にやってくる体中の疲労は、そのときは知る由もなく、心がポカポカとしておりました。

# 第4章

# 教育システムのヒミツ

# 1 ハガキを通したお客様との絆

## アートスマイルカードのある風景

取材を続ける中で、どうにも不思議だったことがあります。

「当社の社員はみんな引越しが好きなんです」

「えっ、お引越しが好きとは、どういう……」

「いやぁ、部長になった今でも、トラックに乗りたくてウズウズしてます」


そんなはずはない、ハズです。どう考えても、段ボール箱を担いで階段を急ぎ足で上がれば息が切れるし、それを何往復もしていたら、目が回るご年齢の方も多いはずです。高級ベッドなんぞを持ち上げようものなら「なんでこんなものを買ったのか⁉」と、ベランダから投げ捨てたくなります。筆者ならば……ですが。

でも正直なところ、団地で階段を何往復もしたときは、思わず「なぜ生まれ、なぜこうして生きているんだろうか」みたいな問いかけをしました。「いい運動になります！」なんて言えるのは最初の2、3往復だけ。3、4往復目にはすでに明日の腰痛を思い浮かべて、うっすら涙目にすらなっていました。

しかし、このミステリアスな「みんな引越しが好き」という言葉の源は、わりとシンプルなところにありました。

「お客様がね、本当に感謝してくれるんですよ」

とあるお客様は「アートスマイルカード」にこのように記していたそうだ。

〈人生最後のお引越しがアートでしあわせでした。〉

胸を打ち抜かれる言葉です。実際、この言葉が一番記憶に残っていると言う人事課長も、胸をのけぞらせてハートを蹴り飛ばしたかのごとく感動したそうです。

驚くのは、こういうラッピングしてしまいたいほどの温まる言葉が、わりとカードに踊っているらしいこと。だからこその、我が仕事が皆様の役に立っているとの実感。つまり感謝される自分。これすなわち、仕事が好き――。

ちなみにスマイルカードの回収率は68・2％。（２０１７年10月〜２０１８年9月実績）。実に7割がスマイルカードに記入し、ポストに投函しているのです。なんでもメールで済ます時代にあって、驚異的な数字。さらに、カード統計による満足度の数字はなんと92・８％。これこそが顧客満足度ナンバーワンのパワーでしょう。

## お客様のハガキ1枚が、仕事愛を育てる

ビジネスに対する考え方によっては、最後に「ありがとうございます」と言うのは、お客様からも「ありがとうございます」を引き出すためという人もいるでしょう。

居酒屋のレジ脇に飴玉が置いてあるのも、焼肉屋でガムをもらうのも、「ありがとう」をもう一つもらうためなのかもしれません。

たかがハガキ1枚、されどハガキ1枚。荷物の重さは忘れても、心に響いたコトバは忘れません。「ありがとう」のための仕事。それを〝貢献〟なんて心踊る言葉で呼ぶ人もいます。

引越しお見積りをしたお客様を対象にした「アートクオリティカード」
引越しを実施したお客様を対象にした「アートスマイルカード」

お客様の声は、必ず本社でチェックします。毎日約1000枚やってくるカードから無作為で抽出されたものに、本社で責任あるポジションの者が必ず目を通すのです。クレームやコンプレインに類するものは即時に対応されます。その後に現物を支店に回し、支店長が目を通す。そして担当者に回ります。

〈事前見積りに来た方はてきぱきとして分かり易く感じが良かったのと、引越担当の責任者の方が大変良かった。〉（公式HP　お客さまの声）

そんな、お客様の思いを焼きつけたような手書きの文字がカードには躍っています。郵便で届き社内でぐるぐる旅をする、この世に1枚しかない手あかのついた紙のカード。でも、その紙がアートの従業員たちのメンタルを勇気づけ、励まし続けているのです。時には厳しいご意見もありますが、それをも将来の糧として活用しています。

この本を読んで、たった一つ具体的に明日から何か変えるとしたら、スマイルカード。つまりアンケートを取ることだと、言い切ってしまってもいいと思います。

「お客様の声をじかにお聞きしたい」と、1992年から始まったこのカード。

スタッフが「引越し好き」というナゾの正体は、カードに浮かぶ〃ありがとう〃の5文字にあり、と言えるでしょう。

## 2 楽しく引越しスキルアップ！

### とにかく楽しんでもらう〜すぐれた技術はお客様を満足させる

〈夫の話を聞いて他社より安心できるし、確実だとおもったから。実際かなり早いスピードなのにていねいな作業で驚きました。〉（公式HP お客さまの声）

〈1日で荷物を積み、輸送、荷物降ろしができたのはアートさんだけだった。他の業者は1日目荷積み、2日目荷降ろしだった。〉（公式HP お客さまの声）

アートでは、技術を上げる取り組みも進んでいます。そのひとつが遊び心を持って技術を上げる取り組み「アート引越技術コンテスト」（２０１２年〜）。「我こそは引越しの王者」と思うアートの猛者が、全国から出場して競い合います。最終大会に進んだチームは、「〇〇支店の栄誉！」とばかりに、支店を挙げてバスをチャーターし応援に駆けつけ、旗を振ります。まさに引越し甲子園！

梱包は素早いか、梱包は丁寧か、運搬技術はイケてるか。
用意された荷物を全てトラックに積み込む「積み込み」競技！
段ボール等を使って、大型テレビを梱包する「家具梱包」競技！
手際よく食器を包む「小物梱包」競技！

初年度は男性チームのみの構成だったのが、今では必ず男女混合のチーム構成で行われています。遊び心たっぷりで、やんやの声援に歯を食いしばって競争する。でも、みんな笑っている。そんな競技会です。余談ですが、笑うと脳への技術の定着率もいいとか。
こういうコンテストで優勝すると嬉しいものです。

このような、指導だけでは身につかない「仕事を誇らしいと思ってもらう工夫」も、技術の向上に役立っているのです。

技術の高いスタッフを見ると、新人や若輩は「かっこいい！」と憧れる。すると次の日から、新人・若輩たちは「かっこよく」なるために努力し始めます。そんなアートスタッフが〝さわやか〟となぜ評されるのか、もはや説明は要らないでしょう。

## 技術の学びが楽しくなる工夫

〈寮の管理人業務をしています。入寮・退寮に際し業者の方々の出入りがあります。さまざまな業務の中で貴社の洗練された仕事内容を感じています。〉（公式ＨＰ お客さまの声）

もうひとつ、遊び感覚を取り入れている施設を紹介します。

西日本と東日本の両方に設置された2軒の「研修ハウス」があります。一見普通の一戸建て住宅ですが、ドアや間口、廊下、階段などをあえて狭く設計。建築基準ギリギリに建てられた、罠一杯、攻略レベルマックスの家です。なんといっても家一軒なので、実際に近い環境で引越し研修ができます。

ただの広い会議室で研修するのではなく、このような家を建ててしまうところに、経営陣の意気込みが感じられます。ここを訪れるスタッフも同じように感じるでしょう。

「えっ、このキッチンカウンター、ヤバいな。冷蔵庫通らない」

「このタンス、廊下とおんなじサイズです」

彼ら彼女らが、研修ハウスの様々な課題をクリアしたいと思うとき、たかが引越しではなく、されど引越しと一段地位が上がります。さらなる高みを目指すことになるのです。

あなたの会社に研修はありますか？　あるとすれば、その研修に笑顔はありますか？

## 将来に夢を持ってもらう～まずは現場から！

アートでは、中途採用を除いて全員が引越作業や営業といった現場を経験することになっています。例えば人事部が希望であったとしても、まずは最前線の営業などに配属されます。

さらに驚くことのひとつが、アルバイトから正社員になり、課長、部長へと昇格している

人が少なくないこと。役職関係者にインタビューして入社の動機を聞くと、こんな答えが返ってきます

「アルバイト上がりですよ。そのまま誘われて入社しました。そこから20年！　今でも繁忙期はうずうずしますすよ」

今でもトラックのハンドルを握って走りだしそうな、恐ろしいほどのドライバーの意気込みです。

アルバイトが正社員に、というケースはあるとしても、その多くがアートの本流として活躍していることがすごい。

「俺らがスーツ着て、こんなところにかしこまってるの、自分でも違和感で」

6割が現場から上がってくるというアートの役職者。スゴイ！　夢がありますね。

部長クラスでも筋肉の盛り上がった人がかなりいます。

「引越しの最前線で働いておりました！」

「ドライバーとして、深夜、九州まで高速走り抜けて引越しました！」

こんな部長、素晴らしいと思いませんか。外部コンサル、ヘッドハンティングなんのその。

現場を背負ってきた者が、現場を一番よく知っている！　まさにそういう人事なのです。

千代乃社長も、こうおっしゃっていました。
「夢があるということが大切です」

## 役職者が背中で魅せる

２０１８年19年と、「外国人労働者受け入れ拡大」の言葉を何度聞いたことでしょうか。日本の労働力不足は日を追うごと、年を追うごとに深刻化しています。

どの業界も人材不足で、コンビニにはカタカナの名札をつけた外国人労働者がたくさん働いています。「お箸は一膳おつけしますか?」などとカタコト日本語で話しかけられると動揺します。お箸は一膳、切手は一枚、タバコは一箱……。なんと難しい日本語か。

現在のところ、他の業界に比較して引越し業界には外国人は少ないように思います。他人が自宅に足を踏み入れるという業態ですから、客側にはまだ抵抗感があるのかもしれません。

しかし時代の波にはあらがえず、いずれ顧客にも外国人が増える。そうなるとサービスのダイバーシティも問われてきます。女性社員を積極的に受け入れ、社長以下女性の感性を取り入れることで成長してきたアートだからこそ、外国人の採用にも柔軟に対応していくことになるに違いありません。

会社の業務として、現場が回らなければどうしようもありません。だからこそ、現場を一番わかっている人が上に立てるという人事制度となっているのでしょう。現場経験者で、しかも現場の業務に積極的な部課長がリーダーシップを発揮する。そして、次のアルバイトたちに夢を見せる。

これが、高い定着率という素晴らしい道へストレートに伸びていくのです。そして現場を忘れない！　現場とすごく距離が近い！　自分の机で情報を待つのではなく、情報を取りに現場へ行く！

そうです、現場経験者である役職者たちは、今でも繁忙期になればスーツなんぞ脱ぎ捨てて、現場に駈け出していくのです。

## 3 従業員満足のために

### しっかり給与に反映する

「はたらけどはたらけど猶わが生活(くらし)楽にならざり……」では、誰も意欲が湧きません。小さな会社であれば、「よく働いてくれて、すまないね。ありがとう」と言う社長の笑顔で多少癒されることもありますが、だいたいは「こんなに頑張っているのに……」と恨みがましくもなります。

その点アートには、支店全体が売上・利益を達成したときの〝還元金〟があります。もちろん残業すれば法定どおりの手当も出ます。頑張った人は収入が増える仕組みが整っています。

言葉で褒めることは大切ですが、「こっちは、いい大人が働いてるんだ!」と逆効果になりかねないので、仕組みとしてはやはり給料に還元しなければ納得させられません。よい仕事にはよい報酬。顧客の層を上げたければ、従業員の層を上げることです。

懐に余裕がなければ人間力は低下する。悲しいかな、それが現実です。となると、会社にとっては利益を上げることが最必要だという堂々巡りになってくる。ウィンウィンをどこまでバランスよく実現できるかがビジネスだ、とも言えます。

## 認めて、受け入れる

「採用のときに話を聞いてもらえると感じた」
「アルバイトから社員に誘われたときに、自分のことを認めてくれている感じがした」

社員の人たちに入社した動機を聞くと、こんな話が少なからず出てきました。アルバイトからも正社員になれるという話は前述しましたが、アートは業界に先駆けて新卒採用にも力を入れています。ホスピタリティを、お客様だけではなく採用活動にも転化することによって、従業員全体の定着率を上げているのです。

ところで、アートで採用の際に確認事項としているポイント、あるいはこの仕事に向いていると思われる人の傾向は、次の2点だと言います。

●人のことが好きであること
●目の前にいる人に興味が持てること

そして、採用において面接官は、求職者目線を意識しているそうです。
「ここまでよく来てくれましたね」「我々のほうこそ、あなた方に選ばれる立場にあるんですよ」こんな風に向き合われたら、求職者もきっと嬉しいに違いありません。

## 顧客満足度を考えるなら社員の満足度～きちんと休ませる

多くのビジネス書で、顧客満足度について必ず書いてある常套句が、「顧客満足度＝従業員満足度」です。この2つを完全に結びつけて、顧客満足度を計算ではじくCS書籍もあるくらいです。

アートでも経営理念のひとつに「CS（顧客満足）とES（従業員満足）を経営の基軸に」と謳っています。アートブランドへの信頼感を得る第一の道であり、企業経営の柱とするとまで言及しているのです。

そんなアートが打ち出したのが定休日です。2017年8月、引越し業界で初めて、全国の支店を対象に、月末や祝祭日、大安などの繁忙日、繁忙期を除いた毎週火曜日を休日としました。

定休日！　極めて思い切った取り組みです。物流業界経験者なら想像できない取り組みとも言えます。もちろん「従業員を休ませたい」というのは、おそらくこの業界のトップたち誰もが煩悶する問題ではあります。

しかし、業種は引越し、なのです。人手も足りない。いやいや皆さん、知らないあなたは幸せですよ。ホントに恐ろしく足りないのです。「火曜日に引越し？　いや、うちは定休日です」など、とんでもございません。

第一、お客様のお仕事の定休日が火曜だったらどうしましょう。

ひと昔前の引越し業界では、シーズンの現場では連勤が続くことが普通です。

♪勤務は続くよどこまでも。野を越え山越え、谷越えて〜♪

「ごめんな〜。給料上げるからガマンしてくれ」とブロック長。

「お前だけが頼りや〜。いつか休み確保に真剣に取り組むからな〜」となだめすかす支店長。

「この業界に休みなんかいらん」と逆切れリーダー。

こんなやり取りが、業界ではきっとあったことでしょう。

そもそも休暇の確保は従業員満足の基礎。そんなことわかっちゃいるができません、というのが、特に繁忙期の現場の実態であったと思います。はっきり言って、運送業界にせよ、引越し業界にせよ、物流業界はブラックでなければ回らない現実があったように思います。すなわち「休もう」は悪だったのです。

## サービス業の休暇は、ひいてはお客様のため

社員が疲労すると事故が起きる。日本で最も問題になったのは、1985年に起こった「日本航空123便墜落事故」でしょう。この事故を、過酷な労働条件を原因として描いた山崎豊子の名作に『沈まぬ太陽』があります。筆者は豊子さんが大好きだから、豊子ファンとしてここに例として記してみました（嬉しい！）。整備士たちの過酷な労働環境が乗員乗客524名中、520名の命を奪ったとする事故です。

そんなのは「24時間戦えますか。」がはびこった旧石器時代の遺物だなどと笑い飛ばすあなた。

しかし、今まさに働き方改革が叫ばれているけれども、2018年にも神奈川でバス運転手が気を失い、7名が死傷する事故が発生しました。電通社員の痛ましい出来事も記憶に新しい。日々、労働問題で企業を訴える訴訟が起こっているのです。

従業員の休み確保は、丁寧な仕事、良質なサービスに繋がっています。誰が、眠い目をこすりながら運転して事故らずにいられるのか。誰が、疲労の極致なのに荷物を運んでお客様ににっこり笑えるのか。

アートはお客様からリサーチし、火曜日と水曜日の利用率が少ないことを見極めて、原則、火曜を定休日に設定したというわけです。この決断は業界のイメージアップにも繋がり、もちろん従業員満足度の向上にも繋がっています。

ところで、休日は顧客満足と対立するのでしょうか。

この問題の渦中にいるのがセブン&アイホールディングスです。東大阪市のセブン - イレブン店主が、人手不足を理由に24時間営業の契約の是正を求めたものです。

セブン - イレブンといえば、もともと7時から11時に営業するというコンセプトであり、それでも画期的に便利なものでした。しかし今では、コンビニ業界24時間営業は当たり前。東大阪の店舗では、オーナーの奥さんが亡くなり、オーナーが連日16時間勤務をするという事態に陥っていたそうです。

そこで営業時間を短縮したところ、本部からは契約解除に加えて違約金1700万円まで求められてしまいました。お客様の利便性の確保を盾に取る本部でしたが、そのことで肝心のお客様から非難を浴びてもいます。

正確に言えば、このオーナーは独立事業主にあたるので従業員満足とは関係がないのですが、「労使関係がないので知りません」では済まないという世間の目は、徐々に厳しくなってきているようです。

## 引越し業界の次の課題は繁忙期の休暇

引越し業界のピーク時には恐ろしいものがあります。2019年2月、国土交通省が職員に通達を出しました。

「移動職員の転居は〝4月第2週〟にせよ」

物流業界を所管する官庁として、率先してピーク時をずらしたのです。

（ちなみに引越しはサービス業と何度も述べていますが、これはあくまでアートの理念。所管官庁の分類としては、引越しは物流業界に組み込まれています）

いわゆる「引越し難民」対策です。これは、年度末の3月末に転勤などで引越しが集中し、希望どおりの日程で転居ができなくて流浪する民のことを指します。要は、繁忙期は難民が発生するぐらい大変なんです！

そんな事態に休みだなんて！

火曜日定休――。「現実問題、無理だろう」から「お客様のために絶対にやらなくてはならない」と、アートは勇断を下しました。その先陣は、業界を引っ張ってきたアートがやはり切らねばならなかったのです。

経営努力の中でももっとも難しい課題、それが「働き方」です。

しかし、繁忙期の休みへの取り組みはこれから。業界初の休日とはいえ、他業種から比べるとまだまだ進んでいないのが引越し業界なのです。さらにもう一歩踏み込んでいけるのか、今こそ問われています。これは、もはや国家的な課題ともいえます。

ちょっとひと休み

# 僕とヒツジのCS禅問答

**僕**　ヒツジ、今度僕が経営をしている毛皮店で〝CS〟を上げようということになったんだ。ところでCSって、死ぬほどサービスってことかな？

**ヒツジ**　（ズッコケ）。えーっ!?　坊ちゃま、CSというのはカスタマーサティスファクション（Customer Satisfaction）のことかと存じます。日本語では「顧客満足度」ですね。読んで字のごとく、お客様が満足してくれる度合い。ビジネスでも、たまに見かけるコトバです。私がCSとは何かをお伝えしましょう。

**僕**　コトバを返すようだけど、お客様に喜んでいただく、ってのは、うちもずっと取り組んできたんだ。来店したら、すぐおしぼりをお渡しする。店員がつきっきりで毛皮の説明をする。お荷物は持ってさしあげる。お客様は神様だからね。

**ヒツジ**　坊ちゃん、よかれと思ってやっているそのサービス！　お客様は本当に満足されていますか。お客様は神様なんてもう古いですよ。過剰サービスってコトバをご存じですか。サービスは量ではなく、質。まずは、お客様に本当に満足しているのか聞いてみてください。

**僕**　だけど〝お客さまにもっと満足してもらおう〟ってのは、現場を守る店長の提案なんだ。

**ヒツジ**　現場からの声が聞こえるのは、よいことです。坊ちゃんが「お客様の満足は、会社の利益より大切です」と言い切って応えてあげましょう。つねに困りごとは現場に落ちているので、その声を拾うことが大切です

**僕**　でも、他の店長はどう思うかな。最近、売上げも落ちているから、まずは営業をがんばろうなんて意見も出るかもしれない。

**ヒツジ**　恐れながら坊ちゃま。CSは代表者の決意次第です。企業にとって一番大切なのは何なのか。坊ちゃまが利益だと考えているなら、CSは二の次になるでしょう。そして、二の次になるとい

うことは、できないのと同じことです。利益だけを見ていても企業は成長しません。100年企業に必要なのは目先の営業でしょうか？　CSに取り組む企業が増えたのは、そのことに気づいたからです。

**僕**　ヒツジ、僕はCS向上を当社の命題としてがんばるつもりさ。だけど、心配なのはたくさんいる店長たちが全員「うん」と言うかだ。仮に店長が首を縦に振っても、その周辺にはスタッフもパートもいる。

**ヒツジ**　確かに、坊ちゃんの会社で接客をするのは、アルバイトやパートさんですね。経営者の決意が、彼ら彼女らに届かないと何の意味もありません。それにお客様のことを本当に知っているのは経営者ではありません。現場にいる彼らなのです。現場と経営者が近い組織づくりをしましょう。

**僕**　ヒツジ、僕はCSを考える部署を会社に設けることにするよ。僕の気持ちがすぐに伝わるように直轄部署がいいね。君は随分詳しいみたいだから、君が部長になってくれないだろうか。

**ヒツジ**　坊ちゃん、ありがたいお申し出ですが、それは慎重に考えてください。CSの専門家がいたとして、みんな急に偉そうに指示をする私の意見を聞くでしょうか。先ほども申し上げましたが、本当の専門家は誰なのか、適材はすでに会社にいるはずです。

**僕**　そうか。部署を設けたとしても、何をするかだね。社員と一緒に何をすべきか考えてみよう。

**ヒツジ**　そうですね……。ところで坊ちゃん、まずは身近な自分の従業員のことを考えてみてはどうでしょう。顧客満足度＝従業員満足度、なんて言葉もあるぐらいです。人は自分が満たされていて初めて人に優しくできます。人を笑顔にするためには、自分が笑顔でいること。人を大切にするためには、自分が大切にされていると感じていることです。

**僕**　なんだかスケールが大きくなってきたな。従業員に喜んでもらおうと考えると、働き方改革まで含まれてくるぞ。

**ヒツジ**　給料や賞与の多寡、ワークライフバランス、同僚や上司との人間関係、仕事が好きかどうか。従業員満足度に関することは数え切れないほどいろいろありますね。顧客満足度も、細かく見ていくとキリがないほどいろいろあるのです。突き詰めると、もはや深い井戸ですね。ところで、坊ちゃんは働いてくれている従業員を愛し、感謝していますか。CSの始まりはたった一つのことかもしれませんよ。

**僕**　ヒツジ、他社はどのようにしているのかな。まずは勉強してみたいな。

**ヒツジ**　そうですね。違う業種からも学べるでしょう。例えば、顧客満足度で有名なのはディズニーランドです。彼らは夢の国の住民としてお客様をお迎えします。お客様は夢を買っているわけです。今はモノを買うのではなく、便利さや未知の体験、感動、自分らしいライフスタイルにお金を払う時代です。

**僕**　顧客満足度は、企業の独自性も必要ということだね。

**ヒツジ**　そのとおりです。時代の変化を汲み取りながら、心の底で願っているところまで汲み取っていかなくてはなりません。経営者から現場まで、どの部署にあっても感性を磨き、アンテナを高くすることが必要です。でも、いつもヒントは現場に落ちているのです。机上の空論に陥ってしまわないように、片足はつねに現場に着けて周囲を見渡しましょう。案外、すでにできていることもあるのです。それに気づくのも手ですよ。

**僕**　ヒツジ、CSの向上を考えることは、商品やサービス、従業員の幸せまで考えることにつながる。すばらしい会社をつくろうとする活動だね。

**ヒツジ**　よいことに気づかれましたね。従業員が何のために働くのか、それがどのように従業員の幸せとなって返ってくるのか。使命を示し、その道筋をつけるのは経営者しかいません。

# 第5章

# 営業力のヒミツ

## 1 個人が担当するキメの細かい営業

### 家業を守る営業パーソンを育てる

競争優位に立つには、中央集権体制つまりはトップダウンか。

はたまた個人商店の集まりに仕上げるか。

あなたはどのように考えますか。

バブル崩壊の頃までは、企業は年功序列が主流でした。上司に逆らわなければなんとかそれなりのポジションを手に入れ、そして生き残ることができたでしょう。目の前にある分業された仕事に向き合い真摯にこなしさえすれば、生活できたと思います。そのためには、一に売上、二に利益、三、四がなくて五に売上といったところでしょうか。

しかし1997年には、「旧・四大証券」の一角でもあった山一證券ですら倒れました。

2010年には、日本航空も会社更生法適用の手続きを踏むことになります。

ミレニアムに突入すると、本当の安定企業なんてどこにあるの？　と疑問符がつくどころか、笑い話にでもなりそうな勢いに。書店には個性のほとばしりが収入につながると諭す書籍があふれ、一瞬その気になる背表紙が並び、一方で学生たちは安定企業という幻を求めて資格に走り、公務員人気も倍増する。

さらに、ここへきてＡＩの恐怖にもさらされています。ライティングなんてＡＩ様がさらさらとやってのけるだろうと、筆者も戦々恐々の時代です。ＡＩ様は「てにをは」の凡ミスも誤字脱字もなかろうし。あぁ、くわばら、くわばら……。

そんな時代だからこそ、筆者はあえて言いたいのです。古い時代の商人に立ち返り、信頼を最も重んじたビジネスに回帰を！

「１００年企業を目指せ！」

１００年企業の競争優位は、間違いなく顧客満足度です。

売上・利益ではなく、お客様の方向を向くのです。社員を経営大学に通わせ、ＳＷＯＴ分析を導入するのもいいが、営業パーソンの一人ひとりが自分の頭で考え、お客様と信頼関係を築き上げることが重要です。

そう、皆を近江商人にするのだ！　三方よし！　国家百年の計ならぬ、企業百年の計を考えましょう。

## 全国統一価格、信用価格で勝負

アートコーポレーションの法人営業部は、読んで字のごとく法人対応の部署です。営業する相手は各企業の総務部がメイン。オフィスの移転やレイアウトの変更はもとより、社員たちの転勤に伴う引越しの一手請負などもあります。

さて、あなたが総務部の担当者として、営業パーソンに何を求めるでしょうか。当然ながら、総務の担当者が求めるのは「より安く」「より確実に」社員の引越しができるかどうか。

こんな話があります。

ある日、総務部のAさんはアートの営業担当者に告げました。

「相見積もりを取るように言われたんです。アートさんは高いって」

Aさんの手にはアートの引越し統一価格表。

「なんとか下がりませんか。高い業者に発注しているとなると、私たちも仕事をサボってるみたいですから」

アートの営業担当者は頭を下げます。

「申し訳ございません。私どももなんとかご希望に沿いたいのです。ですが、価格は全国統一です。私どもにとってお客様は、どちらも平等に大切なお客様です。企業様によって、また地域によって、そのお付き合いの深さによっても区別することなどできません。それは私の裁量を超えています。また、私の上長もその権限を持っていません。その代わり、私どもは心を込めてお引越しをさせていただきます」

全国統一の価格表があって当たり前と思われる読者もおありでしょうが、支店ごとの独立採算や外部協力会社でやっているケースなどもあり、金額がまちまちとなっていることが多いのです。アートの場合は安心の信頼価格という観点から、全国レベルの統一価格を実施しています。

（※主旨がよく伝わるように全国統一価格と記述していますが、厳密に言えば、引越しの時期や年間受注量、専属契約等、契約内容により料金が設定されています。）

Aさんはしばらく考えたが、やむなく他社に乗り換えました。しかしAさんは1年後、アートの営業担当者の電話番号に発信します。

「1年前は他社にやってもらったけど、やっぱりアートさんがいいです」

実はAさん、他社に乗り換えた途端、自分の仕事が増えてしまったそうです。

春の異動期、社内でも転勤社員たちの引越しが行われていました。関西から四国にお引越ししたご家庭の奥さまから、Aさんに電話が入ります。

「あの〜、東京にいる息子も一緒に住むことになったのだけど、荷物の都合があるから引越しの日を変更させてもらえないかしら。ついでに同じ引越し業者にしたいの」

Aさん、早速B引越し店の営業担当者に電話。

「それはですね、御社の引越し規定に書かれていませんか(※多くの大企業には〝引越し規定〟なるものが存在します)」

Aさんは引越し規定を引っ張り出して、奥様に説明しなくてはなりませんでした。

(今まではアートさんがうちの引越し規定を説明してくれていたのに……)

Aさん、またB引越し店の営業担当者に電話します。

「見積もりはですね、部署が違いますので、この番号にかけてください」

Aさんの顔が曇ります。

(今まで違う部署に電話したことなんかなかったのに……)

「関東からの引越しはですね、管轄が違いますから、この番号にかけてください」

Aさんの顔はどんどん曇っていきます。

「請求はですね、別の人間がやっておりますから、確認しますね」

（あなたで、すぐ答えられないのか……）

「担当者は異動になりました。代わって私が担当させていただきます」

（えっ、担当替え……？）

引越し管理サーバもアートと同じく存在するが、なんだかシステムの使い勝手が親切ではありません。従業員番号を社員番号と名称変更したいのに、カスタマイズできない！　痒いところに手が届かない感じです。

（アートのARTist2〈引越管理サーバ〉のほうがよかったな……）

Aさんは、決して忙しいことが嫌なわけではありません。従業員サービスの観点から考えた場合、結局はアートのほうがよいとの判断を下したのです。

今まで電話一本で、全て担当者が面倒を見てくれていたアート引越センター。4月の忙しい時期に、引越しだけでこんなにたらい回しに合って従業員に不便をかけるくらいなら、上司を説得するほうがどれほど合理的か、という判断に至ったわけです。

## まずは立派な個人商店（アントレプレナーシップ魂）

通常、営業担当者は仕事を取ってくるだけ、という会社が多いと思います。しかし、アートの法人営業担当者は、まさに揺りかごから墓場まで。一人の担当者が、見積もりから場合によっては現場の立ち合い、そして請求までを一貫して行います。担当すれば1年間は異動をさせず、入り口は顔のわかるこの人だけ。「あの人に聞けば何でも答え、何でもやってくれる」という体制を取ります。

これは何かに似ているのでは……。まさに「個人引越し商店」の形態ではないですか。じゃあ、他社はこれをやらないのか。ええい、そこは聞かないで！

労働は高度に分節化されている時代。営業担当者は「営業をする」ことが最も生産的であり、かつ専門性を高くします。特化すればするほどスピード感のある高品質な仕事ができる、はずです。

そんなの当たり前だろう。利益も上がる。イイこと尽くし。逆に言えば、一人ひとりが個人商店なんて効率が悪く、生産性も上がらない。何より、そんなマルチな人材を育てる手間も大変だ……。

本当にそうでしょうか？

アートはこの、よきアナログ感とも言うべき「個人商店」体制を貫いています。もちろん、実際は個人商店ではなく組織立って企業活動は行われているのですが、個人商店の魂、すなわちアントレプレナーシップを育み、そしてそのスピリッツで仕事に取り組む仕組みになっているのです。

大阪法人営業部長と同次長のヒアリングによると、「入札案件などで、価格で他社に負けてしまうこともあるが、結局のところ戻ってくるお客様は非常に多い」というお話でした。

確かに、分節化、専門化する作業方法は、短期的には効率性が高いと思われます。しかし、顧客側の観点に立つならば、どちらが痒いところに手が届くと感じるでしょうか？　また、育成という観点では、どちらが伸びると予想されるでしょうか？

結論は言わずもがなですね。急がば回れ、なんて言葉もありますし。

そうです、顧客満足という観点からは担当制がベストなのです。

ところで、この大阪法人営業部長と同次長ですが、アートの従業員全体の傾向としての〝温かさ〟は持ち合わせているものの、加えて非常にスマートで洗練された方々でした。やはり部署ごとにキャラクターや雰囲気が違うものだなぁと、改めて適材適所に感じ入った次第です。こういう人がマネジメントしている営業部なら、企業側の担当者からの頼りがいもバッチリだなと、合点がいきました。

## 2 お客様に寄り添う営業

### エントランス部の営業力〜営業は値段ではなく中身で勝負

誰が見てもわかりやすい統一価格表を用いることで、逆に信頼につながる側面もあります。営業担当者は価格にタッチできないため、サービスの質を追求することに専念せざるを得ない。これは法人営業部に限らず、ご家庭の引越しを担当するエントランス部でも同じです。

ちなみに、なんだって「エントランス」部なのでしょうか。個人宅営業部とか、単に営業部とか……、そう言ってくれればわかるのに。

実は、エントランス部とはまさしく入り口のことで、お客様からの申し込みを受付するコールセンター等の受付業務、営業担当者の品質向上の教育、仕組みづくり等々を担当しています。このあたりにもアートらしさが出ていますね。お客様からすると、入り口だから「エントランス」部。語感はなんだか華やかで、パーティでも計画してそうな……。


そのエントランス部長と課長にもお話を伺いました。部長は、ほとんど頷くだけで受注するという魔法使いのような営業パーソン。そんなことあるのか？　頷きに媚薬でも入ってるのか⁉︎　頷くだけなら筆者でもできるぞ。


部長に営業同行した社員たちは、頷いているだけなのにいつの間にか話がまとまっていて、びっくりすると言います。はて、その極意は……。

「耳を傾け、タイミングを損なわないこと」

えっ、それだけ？　一見当たり前のようなことをおっしゃる。これが伝説の部長をして、何年もかけてたどり着いた唯一の方法なのでしょうか。

しかしこれは、話を聞くということがいかに難しいかを説いているのです。損なってはいけないタイミングというのもかなり奥の深い技の話らしく、もはや直感と同じようなもの。日舞で言う「心で舞いなさい」的な話らしかったので到底書き表せそうもなく、筆者もそれ以上は突っ込みませんでした。

## アートの営業方針はソリューション

〈いくつかの業者さんに見積りをお願いした中で人として本当に冷静で温かくこちらの色々な不安な点や困り事など対応してくださいました。ご担当の方、又次の転居の折にも是非お願いしたいと思っております。次は他の見積りはいらないと思います。〉（公式ＨＰ　お客さまの声）

「困りごとを解決することで、販売をしなさい」

これは、アートが根っこの部分から取り組んできた経営課題です。引越しを仕事とするという概念すら存在しなかったときに、「どのように工夫すれば仕事となるのか」と同時に「お客様は何に困っているのか」も隣り合わせて、課題として取り組んできたのです。

一つエピソードを紹介しましょう。ある課長が営業職時代に受注したときのお話です。

そのお宅には蝶の標本がずらり。なんと三輪明宏先生のお部屋の話ではないのか……と、早速妄想の止まらない筆者のことはさておき、その華麗なる家に複数の業者が足を運び、引越しのご提案をしていたのだそうです。他社を出し抜く秘密の合言葉はもちろん「お値段は勉強させていただきますよ」。

そんなところに彗星のごとく件の課長が登場します。部屋を見回して何気なくひと言。

「すごい標本ですね」

そのとき、お客様の顔がパッと輝きました！

「君だけだよ、僕の標本を気にしてくれた人は！」

そう言うと、標本箱を手に取って説明を始めたのです。

そうです。そのお客様にとって一番の気がかりは、標本！　ピン1本で永遠の美しい姿をその場に留めた宝石だったのです。

引越しなど、死に物狂いで集めた蝶の標本がどうなってしまうかに比べたら、どうでもいい話。お客様の試金石は、標本に気づきその価値を認めてくれるかどうかにありました。筆者の完全な推測ですが、そのお客様は、標本が何だかわからないヤツなんかとは口も利きたくなかったのかもしれません。

何がお客様の困りごとなのか、何が大切なこと・モノなのか。それはお客様のみぞ知る、いや、もしかするとお客様も知らないかもしれません。だからこそ、困りごとを見よう、解決しようとするメガネをかけていないとダメ、ということですね。

## 3 小さなことからコツコツと

### 困りごとをルーペでのぞけ~年に一度のヒラキラ会

ヒラキラ会です。キラキラ会でもキキララ会でもありません（キキララって、若い人にわかるのかな?·）。年に一度のヒラキラ会です。

出ました！　またもやアートっぽい名前。エントランス部にヒラキラ会。キラキラネームかと思いきや、焼肉弁当みたいな親父っぽいネーミングもあるし。まぁ、この会社は個性強いですね。ちなみに、この焼肉弁当というのは、繁忙期に千代乃社長以下経営陣が肉を手焼きして、手づくり弁当として社員みんなに配っているというものです（詳しくは9章を見てください）。

ヒラキラ会は、社員のアイデアを検討する会だそうです。社員が、あったらいいな、のアイデアを上げて、よさそうなものを話し合う。「ヒラメキはキラメキ」で「ヒラキラ会」です。よくあるアイデア箱みたいなものでしょうか。遊び心ありのネーミングがいいと思います。アイデア検討会とかじゃなくて、ヒラキラ会。ネームを我流にするのもアリだと感じました。

その会で、自分が現場で感じた、これがあったらいいんじゃないか、というアイデアをぶつけるのです。アートは創業以来、困りごとを仕事にしてきた企業。そもそも引越し自体が大変な困りごとだったのです。

千代乃社長曰く、「親しい社長に言われたんです。（引越しなんて）こんな簡単なことが仕事になるなんて」

まさにそう、引っ越しという困りごとは、ずっと世界の片隅で丸まって、発見される日を待っていたのです。今もまだ待っている困りごとが、世界のビジネスシーンに新しい仕事を生むかもしれません。

## 発見・工夫は小さなところから

アートのサービスを見たお客様が驚かれること、それは梱包資材です。

これらは業界の中でもアートが先駆けて開発しました。現場を体験して驚いたので、ご紹介します。

【ベッドをあっという間に梱包するベッドマットカバーにふとん袋】

「はい」という掛け声に合わせて片隅ずつ持ち、ベッドマットを縦にして、スポンとはめる。キレイにはまると気持ちがいい。

【家具を梱包する巻き紙のような巻きダンボール】

蛇腹という布もあるのだが、巻きダンボールはちょっとしたいびつな家具などにも使える。

【コート・スーツをハンガーにかけたまま梱包できるハンガーBOX】

要はダンボールでできたクローゼットと思ってもらったらいい。用事が済むと、ハンガーをかけるプラスチック部分を取り外せ、コンパクトになる。

**【食器をそのまま差し込むように収納できる食器ケース】**

いちいち新聞紙でくるむということをしなくても大丈夫。食器乾燥機みたいなイメージでそのままザクザク差していけば安定する。

**【靴箱のようになったシューズケース】**

まさにダンボールでできた靴箱。用事がすむとコンパクトになる。

**【薄型テレビのサイズに合わせて、ケース自体が伸縮するテレビケース】**

テレビには定型サイズがあるので、だいたいいくつかのサイズに合わせて調整できるようになっている。

よくもまあ、こんなものを思いついたなと膝を打つ道具がいっぱい。これは、従業員の便利とお客様の便利を併せて追求した結晶なのでしょう。

他に、目につかないところでも様々な工夫が凝らされています。

●作業時に台車のゴロゴロ音が近所迷惑になるとして開発された「サイレント台車」
●白・赤・黄と3色の梱包用テープ。赤は割れ物、黄はすぐ使う物と仕分ける
●床を守る床面保護素材の「フラット」
●テレビやオーディオ機器の差込口をわかりやすくする「AV配線コードシール」

思いついたことはいったん何でも取り組んでみるという姿勢が、「これ便利！　安心！」という、目から鱗のサービスに繋がっています。

## お客様にとって便利なことがブランディングに

工夫は梱包資材や引越し用具だけではありません。実に多くのサービスが独自に存在します。アートのサービスについては皆様もうご存じのことも多いかもしれませんが、一応紹介しておきます。知ってるよ、という人は読み飛ばしてください。

●新居を汚さないように真っ白な靴下を履きかえる「クリーンソックスサービス」。スタッ

フはつねに新しい靴下をいくつも準備して、お客様の新居に入る前に履き替える。
●作業前にご近所へ挨拶する「ふたつよろしくサービス」
●ご成約のお客様をサポートするお客さま専用ページ「Moving One」。インターネットを使った新しい取り組み。
●引っ越し後、1年以内であれば自由に家具を移動させることができる「家具移動サービス」

これらは、「お客様との約束」という言葉で語られています。

また、アートには、女性だけで作業をしてくれるレディースパックなど、予算や自分に合った引越しプランも充実しています。引越し業界のパイオニア的存在として、荷物が多い人、少ない人、単身者、学生など、多様化する引越しにマッチするように商品を増やしているのです。

アートのサービス範囲は引越し当日だけではなく、長期にわたってお客さまとコミュニケーションを取る形態へと変化しています。例えば、「家具移動サービス」は、引越しから向こう1年間、お部屋の模様替えの際の家具移動を1回だけですが無料サービスするというもの。その場限りのビジネスから長期目線のサービスへの移行です。

あるリフォーム企業の社長がこんな話をしてくれたことがあります。

「私たちは施工や作業が完了してからがスタートだと思っています。そこからお客さんの暮らしが始まり、私たちとのおつき合が続くのですから」

長期の目線は、新しいビジネスチャンスへつながっていく道でもあると言えます。

## ちょっと面白がって

前述のヒラキラ会やエントランス部の名称、引越し大会に焼肉弁当など、アートにはちょっと〝オモロイ〟精神があります。

伸びやかで牧歌的な雰囲気もある。他社を睨みつけないという鷹揚さや、従業員のために上場を取りやめたことも、何か1本の線で繋がっているようです。大手なのに、大手にはない伸びやかな雰囲気と表現すればよいでしょうか。

夢を共有する強い会社・楽しい会社を目指します。

これもアートの理念のひとつ。片意地張ったホスピタリティではない、絶妙なところです。ライ麦畑の真ん中で子供たちを捕まえるホールデンのような、ふわりとした優しさ……。

子供から大人まで大好きな空色のロボット〝ドラえもん〟のトラックを走らせてみたり、ロボットの非売品グッズを生み出してみたり。また、1979年の「走る殺虫サービス」（運送している間にトラックの荷台でダニを駆除するというアイデア）や、1980年の「ドリームサルーン号」（家財と一緒にお客様も移動できるオリジナル引越専用車輌。まるで旅行）など。

こういった工夫は、なんとなく面白がってみて肩の力が抜けたところから生まれるのではないでしょうか。好奇心旺盛で、でも「失敗しちゃったな」という雨上がりの翌日こそ、地平線の向こうからアイデアの陽は昇ります。だから、あなたもどうぞご無理なさらずに。

## アートに似た企業

日々アートのことを考えていると、「似てるなぁ」と思う経営者が一人いることに気づきました。関西が生んだ偉大な経営者、小林一三がその人。阪急電鉄の生みの親であり、宝塚歌劇団、阪急百貨店、映画の「東宝」でも有名です。

少しだけ小林一三についてご紹介すると、彼は明治の時代に、偶然にも銀行マンから「箕面有馬電気軌道」（現在の阪急電鉄）の役員になった人物です。「箕面有馬電気軌道」は、梅田から行楽地の箕面を結ぶ電車で、一三は「これだけでは乗車人数が見込めない」と困りました。そこで、池田と箕面を実際に歩いてみて「こんな空気のきれいな場所に住めたら……」と考え、路線の住宅開発を一挙に推し進めたのです。さらに、銀行家だった経歴を武器に、住宅を分割で買う住宅ローンという画期的な制度まで思いつきました。もともと文章家だった一三は、画期的な宣伝方法にも力を注いで業績を伸ばします。

他にも、プールを芝居小屋にしてしまったり（宝塚歌劇団のルーツ）、鉄道直結で百貨店をつくったり、電車の中吊り広告を考案したり。一見突飛なアイデアを、しっかりと足元を見つめることで着実にビジネスに転化した経営の奇才なのです。

では、アートとどこが似ているのかと言われると、「なんとなく」と答えるしかありませんが……。

小林一三は、庶民の暮らしそのものが楽しくなったり便利になったりすることを思いつくアイデアマンでした。１９９０年放送のドラマ『経世済民の男　小林一三～夢とそろばん～』（N

ＨＫ）では、息子が父のことを語るにあたり、父の発想は「おばさんくさい」ものだと言っていました。確かに〝駅直結だと便利に買い物できる〟とか〝家賃ぐらいで家が買えるローン〟〝空気の悪いところに住みたくない〟などは、なんだか庶民的な困りごとからの着眼点です。

一方、アートにもまた、いい意味で大阪商人の言う〝しぶちん〟（ケチ）なところがあるようにお見受けします。前述の、ちょっとした梱包材やサービスのアイデアも困りごとからの出発であることが多く、なんだかおばさんくさいといえばそんな感じもします。いや、いわゆる〝オバチャンのおせっかい〟の延長と言ったほうがいいでしょうか。帰り際に〝飴ちゃん〟を持たせてくれるような、余っている果物をカバンにギュウギュウ押し込んで「これ持って帰り」と言ってくれるような、「アンタ、具合が悪いんとちゃう？」と声をかけてくれるような。そんなニュアンスをビジネスの延長線上に感じさせてくれます。

知ってもらうことを第一に考え、広告に力を入れたところも両者は似ています。アートはテレビＣＭに力を入れていた一方で、電話帳の頭に掲載されるように工夫したり、全国の支店の電話番号を「０１２３」に統一して、引越しと宣伝を兼ねて「０１２３トラック」を町中に走らせたり。お金を使わずして広告を打つ工夫は、どちらも抜群でした。

夢をビジネスにしているところもそっくり。一三は少女歌劇団を結成して、東宝で映画にも乗り出しました。アートも、ドラえもんをキャラクターに登用したり、現在はミニオンズのキャラクターを採用したり、ドリームサルーンを走らせたり。それらのアイデアは奇抜で壮大ですが、その根本は一三同様、庶民が笑顔になれるようなエンターテインメントにあります。

さらに、従業員に対する考え方も少し似ています。一三は、最初から優秀な従業員などいないのだから、尻をひっぱたいて今いる社員を鍛えればよいという考え方でした。アートも、どちらかというと外部から専門家を採用するよりは、今いる人に勉強してもらえばいいだろう、という考え方です。

脱線しましたが、関西が生んだ庶民派経営者・寺田千代乃さんと小林一三さんが〝近い〟説。あなたはどう思いますか？

# 第6章

# 組織で行う顧客満足のヒミツ

## 1 理念の貫徹はトップ次第

### トップダウンで制度づくり〜代表の強い決意

ＣＳ部という、顧客満足度向上のための専門部署が機能するかどうかは、結局のところ組織の中の位置づけと経営トップ層の決意次第。さらに突き詰めれば、社内でＣＳ部署が一番重要だとする優先度が生きているかどうか、です。企業が大きくなればなるほど、組織図のどこにＣＳが置かれているかが、ＣＳの品質に直結します。

アートの組織図では、３名いるお客様相談室は会長、社長直轄。さらに営業部と並び立つ位置にスマイルカードを管理する「ＣＳ推進室」があり、そこにはお客様相談室と兼務の人もいます。

よくある例が、営業部署の力が社内で最も強い組織図。最悪の場合、ＣＳ部署など存在しません。あるいは、かろうじて組織図の辺境に置かれているとか……。その多くの場合、社長が「売上・利益」一辺倒に陥っています。つい目に見えるもの、例えばお客様の数だったり、売り上げや利益の数字だったりに注目してしまう傾向にあるのです。

どんなに現場がお客様に向き合っていても、ＣＳ活動が低く見られると、その芽は摘み取られてしまいます。「ＣＳ推進室」の優位性を担保するのは、企業の代表者の断固たる決意でしかありません。トップダウンで取り組まねば、現場からの底上げは難しいのです。

## 理念は言い続けるしかない

子供たちが本来持っている「生きる力」を育む
一人ひとりの発達と人格を尊重した自分で考える教育
アートは２００５年から保育事業にも参入します。07年にはコティ、グレースという保育事業の会社を買収し、10年にはアートチャイルドケアという会社として独立させました。右の言葉はその理念。子育てをしながら社長業をやり続けてきた千代乃社長の、たっての希望で実現したものでした。
そして19年現在、北海道から九州まで合計38カ所の認可保育園に６カ所の東京都認証保育園、４カ所の指定管理保育園、７カ所の小規模保育園、１カ所の直営保育園。さらに12カ所の児童発達支援教室（ＳＥＤスクール）、１１１カ所の事業所内（院内）保育所、２カ所の子育て支援センターなど、実に１８１カ所にも及ぶ施設を運営しています。従業員数も約２１００名と、引越し業には及ばないものの、事業は急速に発展しています。

その代表取締役社長を務めるのは村田省三氏。村田氏は、トップにおける理念の浸透をこう話してくれました。

「理念を伝えるために何か工夫するというよりは、ただ言い続けています。言い続け、現場に行って顔を合わせてまた話す。その繰り返し」

村田氏は全国で行われる研修に赴き、必ず理念を説明します。

「こういうわけで、新たな理念をつくりました」

各園長会議にもほぼ出席し、20分ほどの時間を割いて説明する。非常にキレモノの印象が強い村田氏は、こう言い切った。

「言い続けるんです。特効薬はありません」

村田氏は、アートコーポレーションにおいては専務職。他業界からやってきた経営のプロでもあります。そのプロをもってしても「言い続けるしかない」と言うのだから、きっとそうなのでしょう。

村田氏は「理念を経営判断から外さない」ことも心がけていると言います。

ですから、理念に関連する経営判断は、〝即断〟。

「私がよくするたとえ話ですが、扉が壊れて子供たちが危ないというときに、お金のことを問題にするなと伝えます。例えば、保育士さんたちに『マネージャーに予算を相談しにくい』といった躊躇をさせないように、と」

福岡に保育園をつくるとき、駐車場にあるブロック塀が問題になったことがあるそうです。

「ブロック塀と言えば、大阪北部地震でずいぶん問題になりました。問題のブロック塀の除去には1000万円かかると言うのです。私は躊躇なく『考える余地なし、すぐにやりなさい』と。わざとそう言いました。皆の前で即断したわけです」

村田氏は迷いがないというパフォーマンスをあえて行ったのです。

保育園のスタッフたちは、「社長の話は腹に落ちます。だからついていきます」と納得しているそう。いざというとき、トップが迷ってはいけません。考える基準はすでにあるのだから、トップは率先してそれを守るという態度をアピールしなければいけないのです。

## 工夫の評価制度

顧客満足を実現すると評価される仕組み。つまり、社内評価制度の整備も重要です。アートでは営業の他に、ＣＳというもう1本のレールがあります。ＣＳレールでは『ＣＳゼネラルマネージャー』『ＣＳマネージャー』『ＣＳチーフ』などが任命されます。優秀なＣＳ担当者には『マネージャーワッペン』が授与されます。ワッペンはまさに勲章の役割を果たし、社内にＣＳの存在を意識づけるのです。

また顧客サービスについては『ＣＳ‐ＡＷＡＲＤ』という制度を導入。各支店で点数制によって評価します。優良店には社内認定書を贈り、表彰する。支店内の壁に額縁入りで認定証が掲げられるわけです。

ホワイトボードには、営業成績と同じくＣＳ成績が記入されます。するとどうなるか。

「おお、我が○○支店は、２年連続ＣＳ活動、ブロックナンバーワンなんだ！」

「おいおい、うちの店のＣＳの点数はなぜこんなに悪いんだ。○○支店にだけはどんなときも負けたくないからね。君、ちょっとうちのＣＳ担当者を呼びなさい」

こんな具合に意識が上がるのです。


しかし、このような評価制度は一朝一夕に出来上がったわけではありません。確立への道のりは障害の連続だったらしい。ＣＳ部署が立ち上がった１９９２年当初、『ＣＳ推進室』はまったく理解されない部署だったそうです。人が足りない中で、抜擢された当の本人も何をしていいのか戸惑いました。

ひとまず各支店に行って「ＣＳ会議」やら「ＣＳ研修」を行い始めた途端、恐ろしいほどの現場の抵抗に遭ったとか。

「この忙しいときに、そんなことやってられるか！」

テーブルをひっくり返さんばかりの勢いで怒鳴られる。

「この会議、今日じゃないといけないのか！」

「こんなこといつまでやるんだ⁉　お客さんが待ってるんだ！」

こんな大波乱だらけ。いくら創業時にサービスの専門家を入れたとはいっても、やはり現場はお客様に直結するだけに鼻息が荒いのです。そもそもテーブルに座って資料を見たり、マナー研修をやったりという経験がなかった……。

「CS推進室」は、地道に棘の道を歩いて進みました。少しずつ理解を得て、結果を出していくことで道を切り開いていきます。暗中模索状態でもめげずに歩けたのは、会長や社長のゆるぎない絶対命令があったからだと筆者は想像します。

経営陣の頭にあったのはたった一つ。

「これからはCSが重要な経営課題となる」

アートの「CS推進室」の活動は徐々に効果を上げていきます。お客様満足度が営業利益につながり、一方で従業員の誇りを高め、従業員満足にもつながっていったのです。そして社内に理解が広まっていきました。

あなたの会社が、今は何もないとしても恐れることはありません。どんな会社でも最初から何もかもうまくいくわけではない。手探りで進んでいくのみなのです。

## 2 トップと現場の意思を通わせる

### 風通しをどれだけよくするか～現場だけに任せっ切りにしない

事件は現場で起こっている！　しかし、現場だけに任せっ切りはいけません。理想の上司は、任せてくれて責任だけは取る男気のある人、なんて言いますけど……。顧客満足度は組織の課題であり、現場の担当者一人だけに背負わせるものではありません。

そもそも、本来、お客様の満足に対して責任を取れる人などいないのです。全従業員で積み上げ、そして築いていくものですから、責任の取りようがないのです。

アートの現場の仕組みで、驚いた制度があります。お引越し終了時の風景なのですが、お客さまにトラックの荷台をチェックしてもらい、すべて荷降ろししたことを確認。最後に、リーダーはお客様の目の前で支店に電話をする。これを「帰るコール」と呼びます。

「○○さまのお引越しが完了いたしました」

そしてその電話をお客さまに渡します。営業の担当者が携帯越しに呼びかけます。

「○○さま、本日は弊社のサービスをご利用いただきありがとうございます。本日のサービスに問題はなかったでしょうか」

つまり、引越しは目の前のスタッフだけでなく、支店でも管理している。それをお客様に感じていただく仕組みです。

当日、引越スタッフに言いにくいクレームも、この電話で聞き出すことができます。仮にスタッフがミスを隠そうとしてもすぐにわかるようになっているのです。

「見積り時に感じた信頼感が、当日何も支障なく打合せ通りに進行し、営業との連携がよいことにあらためて感じました。」（お客様の声　公式ＨＰより）

問題をできるだけ早く吸い上げる工夫、クレームをいち早く処理する工夫。加えて、お客様に安心感や「ここまでしてくれるんだ！」という信頼感を与える仕組み。これらは全て、本・支店と現場との風通しがいいからこそ生まれるものなのでしょう。

## サービス見える化の重要性～ランキングや数値化で可視化

アートのCMで流れている「顧客満足度No．1」。これはオリコン顧客満足度®ランキングがもとになっていることは既に触れました。トータルで7度の第1位獲得です。4年連続の後いったん首位から脱落しますが、返り咲いて、19年現在3回連続の第1位となっています。転落した悔しさをバネに、再び飛躍したのです。

アートのCS推進室では、スマイルカードをもとに、顧客に関わる全従業員の顧客満足度を格づけしていることも前述したとおりです。CSマネージャー制度を設置することで、営業成績とは別の観点から査定・評価の対象としています。

アートが徹底しているのは、アルバイトまで数値化していること。CSの完全なる個人成績がはじき出されます。引越しはチームで行うので、その評価はチームのものなのですが、翌日は別のチームで再編成されるので、それらのデータを組み合わせれば一人ひとりの統計を取ることができるというわけです。

しかし、お客様の期待感などはもともと数値化できないものです。ですから、サービスも本来は数値化できない。しかし、経営としては数値化して初めて分析が可能になります。つまり経営の観点からは、何ごとも〝見える化〟しなければ何もないのと同然。もちろん経営戦略の資料になるだけではありません。スタッフにしても、目に見えることで初めて興味を持つことができ、情報として共有もできるのです。

もし、あなたが日々スタッフにCS大事の理念を説いているのに、一向にホスピタリティが生まれないと嘆いているならば、気配りのグラフ化や思いやりの数値化という重要な側面を忘れている可能性があります。経営は一人でできることではありません。自分以外の人にも大いに活躍してもらわなくてはならないのです。

## 分析の基本となるアンケート

アンケートが重要であることは、スマイルカードの例からもわかります。けれども、あなたの会社でもアンケートを実施しているからといって、そのことに満足してはいけません。何ごともそうですが、やっているつもり、というのは大敵なのです。

アートでは、分析のもとになるスマイルカードの内容について社内で何度か改編しています。質問文例や回答選択肢について見直しを図り、より本音が拾えるような工夫を凝らしているのです。お客様が答えやすいか、自分たちが知りたい答えが得られるか。数値化する根拠になるデータなので、何度もそういった見直しをしています。

【1】電話の受け付け対応はいかがでしたか　□親切　□普通　□不親切

【2】営業担当者は相談相手として適切な説明・アドバイスを行いましたか　□はい　□普通　□いいえ

【3】作業開始時の挨拶、メンバー紹介をきちんと行いましたか　□はい　□リーダーのみ　□いいえ

【4】身だしなみはキチンとしていましたか　□はい　□一部　□いいえ

【5】荷扱いは丁寧でしたか　□はい　□普通　□いいえ

【6】作業は段取り良くスピーディーでしたか　□はい　□普通　□いいえ

【7】紹介または再度利用したいと思いましたか　□はい　□いいえ

【8】事前の説明通りのサービスが行われましたか　□ある　□ない

【9】全体の満足度はどれぐらいですか　□満足　□ほぼ満足　□普通　□やや不満　□不満
【10】当社の引越サービスの利用は何回目ですか
□今回初めて　□2回目　□3回目　□それ以上

何かお気づきの点、ご意見などございましたらお書きください

（アートスマイルカードより）

あなたの会社でも、せっかくお客様の声を拾っているのであれば、十分に生かされているかどうか検討してみてください。また、そのアンケートが、自社の評価が正確に理解され、次の行動指針に結びつけられるものかどうか。もっとよりよいアンケートに改善できるかもしれないという可能性に、思いをめぐらせてみてはいかがでしょうか。

## 3 素早く広く、お客様の声を拾う

### スピード対応は信用の大前提

スピードは大事な品質のひとつです。

ビジネス誌の編集をしていて気づいた傾向があります。それは、信用第一主義と謳って安定経営している企業は、原稿確認の対応が早いということ。例えば締切りを5日後に設定していても、翌日には戻ってきます。もしくは「〇日に返しますので、もう1日待ってください」などと日付を切ってきます。

なぜ素早い対応を取るのかというと、相手の時間を慮っているのです。大企業になると、それらはほとんどルール化されています。いささかシステマティックすぎる対応に感じることもありますが、とにもかくにも対応は早い。その上で、必ずお礼の一文が入っていたりします。これが気持ちイイ！　仕事相手としてリスペクトしきりです。そのついでに、自らの仕事ぶりの反省もしたりするのですが……。

〈他社は見積りの連絡段階から対応があいまいだったり遅かったりしたが、アートさんは連絡についても〇時～〇時の間にご連絡しますなど的確にきめ細かい連絡や説明がありとにかく安心でした。〉（公式ＨＰ　お客さまの声）

「すぐやる」「時間を守る」「期限を守る」といった対応が、最も根幹的な信用に関わってきます。と言いつつ、あらゆる締切りのカウントダウンに追われている筆者には耳が痛い話です。ああ、私だって理想は理解して、一所懸命走っているんだ……。

と、余談ですが筆者はスピードが原因で大失敗したことがあります。とある飲食店の記事で、あまりにも熱い思いを語られたために、背筋を伸ばしてよい文章を書こうと思って悪戦苦闘。そのうちに日時は刻々と過ぎ去っていく。そのうち荷が重くなり、間の悪いことに締切りもなかったので放置してしまったのです。再び取り組んで提出したときには状況も変わっているし、先方は大激怒。怒り心頭なので、内容なんか読む前から気に食わない。「全然イメージと違う！」と怒られました。怒られるとメンタルが弱いので急激にしょげ返り、その飲食店のよいところもわからなくなる。筆が進まずぐずぐず考える日々。まさに負の連鎖……。

内容と同じぐらい、スピードは相手に安心感と好印象を与えます。スピードを上げる。日付を切る。筆者も耳が痛い……ですが、一緒にがんばりましょう。

## 取引先への姿勢はお客様への姿勢の鏡映し

経営的に苦しそうな企業や、利益優先の企業は対応が遅い場合が多くあります。電話をすると「なんでしたっけ……」「まだ見てません」「届いていませんでした」と上手くもない言い訳ばかり。何度電話しても出ない企業もありますね。こちらが客なのだから、アンタは待って当然という態度でいつまでも返信しない。もしくは小出しにして返信してくる人もいます。「そういえば、あれもでした」「そういえば、これもでした」と、ダラダラと終わりが見えない。相手の時間に無頓着なのです。

取引先に対して雑な対応の企業だが、お客様に対しては神対応。などという例はあまり見たことがありません。結局、自分がお客様であるときの態度は、お客様に対しているときの態度と鏡映しなのです。従業員満足が顧客満足と同じであるように、取引先の満足度もだいたい足並みが揃うものです。

つまりは、顧客満足度をたどっていけば、その担当者の〝人間力〟にたどり着くということかもしれません。徳があるというほど大げさなものではなく、他人の仕事のことを想像できる力とでも言えるでしょうか。

## 安心安全の信頼を得るために～クレーム対応がサービスを向上させる

サービスの中で一番大切なのは、クレームやコンプレインへの対応です。アートでもクレームやコンプレインへの対応の研修には、相応の力が注がれています。

ところで、引越しの際に最も多発するクレームは何だと思いますか？　それは、トラックの駐車問題だそうです。

「家の前に引越しのトラックがあって邪魔なんだけど」

「こんなところに停めてもらったら困るよ」

確かに、容易に想像できるトラブルです。特に都会には、誰の迷惑にもならない、引越しに最適な駐車スペースなど用意されているはずもありません。

また、マンションでの引越しは、いくら丁寧にやってもそのマンションの住人には迷惑になります。

現場のスタッフは「ご迷惑をおかけしています」と脱帽してお詫び。せっかくの潜在顧客（これからのお客様）を不満潜在顧客に変えてはいけないし、アートの名誉を傷つけてはコトなので、みんな必死です。

荷物についても、人がやることだから必ず失敗があります。慎重に運んでも、何かの拍子にお客様の大切なお荷物を破損してしまうこともあるでしょう。思い出のモノの中には金銭に代えられないものもあります。そんなときは、誠意を込めて謝るしかないのです。

アートでは、何かトラブルがあるといち早く上司が登場します。現場社員だけに押しつけるのではなく、むしろ上司への報告を徹底しています。トラブルはすぐさま管理部の電話を鳴らし、本部にも伝わります。「悪いことから先に報告しなさい」とよく言われますが、何かトラブル起こったときは、すぐさま上層部へ筒抜けになるような意識づけと組織づくりを行っているのです。

「クレームは宝の山」だとよく言われますね。わかってはいるのですが、やるとなると難しい……。クレームが宝だなんて……納得できますか。

〈システマティックなのと同時に安心できる説明がある。傷や補償においても気持ちよく対応してくれた。〉（公式HP　お客さまの声）

## 声にならない声に耳を傾ける～クレームよりも重要なその先

CS部署では、回収されなかったアートスマイルカードにも気を配っています。つまり、問題があるのに明らかにならなかったことと意味づけ、そこに目を向けるのです。

スマイルカードの回収率をそのバロメーターとし、回収されなかったものを苦情としてみなします。前にも紹介しましたが、アートのスマイルカード回収率は68・2％（2017年10月～2018年9月まで）ですから、31・8パーセントを不満足としてとらえるのです。

トラブルが起これればそれに対応すればいい。しかし、トラブルにならなかったトラブル、つまりお客様の心の中にしまい込まれたままの無言の不満は、解決しようがありません。だからこそ、回収されなかった無言のハガキに何が書いてあるのか、それを見ようとする企業努力が必要なのです。

その努力は、いずれ声にならない顧客の要求を先読みする力、つまり顧客創造に進化していくに違いありません。

# 第7章

# 顧客満足なしに経営はない

## 1 ブレない理念が会社の危機を救う

### 不祥事が立派な理念も画餅にする～サラリーマン社長が信頼を軽んじるワケ

企業の不祥事の話です。

２０００年、雪印集団食中毒事件。02年、牛肉偽装事件。15年、東芝による長期に及ぶ不適切会計。16年、三菱自動車のカタログ燃費の詐称および不正計測発覚後の再測定における燃費詐称。17年、リニア中央新幹線建設工事におけるゼネコン４社談合。17年、神戸製鋼所の品質検査データ改竄。

アートと同じ業界内の例では、18年、宅配最大手ヤマトホールディングス傘下のヤマトホームコンビニエンスの法人引越料金過大請求問題。法人向け引越しで実際より荷物量を多く算定し、料金の水増し請求が横行していると告発されたものです。

また同社では17年にも、巨額のサービス残業未払い問題がありました。これは、利用者も時間指定しておきながら不在とか、在宅しているのに、やれスッピンだから、やれラフな部屋着のままだからなんぞといった身勝手な理由で不在を決め込む。そういった利用者側の意識もどうなんだろうということで、社会問題を引き起こしました。

直近の不祥事では、日産自動車のカルロスゴーン前会長の事件が毎日のように紙面を賑わせています。また、レオパレスの建築基準法違反は、引越し多発ということで引越し業界にまでしわ寄せがきています。

同一企業による再発事例も多く、ヤマト運輸にしても、13年にはクール宅急便が真夏に常温下で仕分けされている実態が報道されたこともありました。自動車業界もリコールを出して大騒ぎして、巨額の損失をこうむって、屋台骨がぐらぐらした経験までさせられても、またやらかしています。なぜかトップは辞任もしていない場合もありますね。喉元過ぎれば熱さ忘れる、ということでしょうか。

トカゲの尻尾切りよろしく現場のせいにして言い逃れるが、結局のところ対応のまずさでトップが引責辞任する例も後を絶ちません。しかし、そのトップもトカゲの尻尾なわけで、新しい首にすげ替えられると、何でもなかったようにすました顔をしています。

もはや、大企業の社長にもただのサラリーマンが増えました。サラリーマン社長には実績が求められます。任期の間になんとか実績を残さねばなりませんから、変えなくていいものまで変える。何をしたのか白黒はっきりさせないと、存在そのものを疑われてしまうからです。「伝統を守り続けました」では臍が茶を沸かすぞ、と脅され、続投も出世も危うい。株主からも責められる。100年後の自社の未来を語る、あくびをかみ殺していそうなのんびりサラリーマン社長などいないのです。家業ではない。なおかつ、ぐだぐだしながら世間を斜めに見たりする、筆者みたいな暇人とは違うのです。

世間も世間で、よくないですよね。大騒ぎするくせに、1年も経つと何でもなかったように安い商品の方向へ流れていったりしますから。

## 「コーポレート・レピュテーション」と信頼回復活動

本書の執筆の話をもらう前のことですが、たまたま親しい教授が講義をなさるということで、某大学の経済学講座に伺いました。テーマは「コーポレート・レピュテーション」。舌を噛みそうな名前でもあり、なんとなく美味しそうな雰囲気のある名前でもありますが……。

「コーポレート・レピュテーション」とは、要は企業のブランドイメージを管理してブランディングする活動のことです。ブランディングというと上向きな印象がありますが、逆の対応もします。つまり、臭いものが発生したときにフタをするのか、臭いのもとを明るみ出すのか。どうやってイメージを回復するのかという活動も含まれています。

2018年に起きた日本大学の悪質タックル事件などは、この「コーポレート・レピュテーション」に大いに失敗した例です。記者会見を開いて弁明したものの、態度の悪さや責任逃れ発言に大バッシングの嵐。そこまで毎日ワイドショーでやらなくても、世界にはもっと大事な問題があるだろう……と、さすがに筆者も呆れました。おそらくこの問題は、日本人の価値観の底に眠っているサムライ魂とか美徳をたたき起こしたんだろうなぁ、気の毒に、とも感じます。ともあれ、ニュースは事実だけを重ね合わせて中立的に見たほうがいい気がしますね。そして、流れてくる数多くのニュースの比重を、日本人はもっと考えた方がいいと思うのですが、余計なお世話でしょうか。

脱線しましたが、「コーポレート・レピュテーション」がテーマの講義です。それがすごく印象に残っているので、ご紹介します。

「コーポレート・レピュテーション」をテーマに、大企業2社の不祥事対応の比較がなされていました。

2005年、松下電器、石油温風暖房機問題。

1985年～2005年、パロマ、ガス湯沸器死亡事故問題。

詳しいことは省略しますが、両社ともに機械の設計に問題があって死者を出すほどの騒ぎを起こしてしまいました。読者の皆さんの記憶にも残っていると思いますが、その2社の対応の比較です。

松下電器（現パナソニック）は石油温風暖房機の危険を知り、いったん無料点検・無料修理のキャンペーンを行います。つまり、キャンペーンという少しソフトな修理をおこなうことで、再発事故の可能性には言及せず、大きな対応をとっていなかったのです。しかし、偉かったのはその後。2005年12月に「人命重視」の企業体制を打ち出し、謝罪。事故対策を会社の最優先課題として取り組みます。

その全力対応は歴史に名を残すものでした。テレビもラジオもCMはすべて石油温風暖房機回収に切り替え「お宅に当社の石油温風暖房機はありませんか」と告知し、完全回収を徹底しました。その投資額は３００億円！　と言われています。松下電器は当時会社が傾くほどの投資をしながら、自社の名前を地に落とすことになるＣＭを打ちまくったのです。

さて一方、パロマも会社の全体対応が進みませんでした。ガス湯沸器で死亡事故が起こる可能性をゆるやかに放置したまま走り続けたのです。結果、２００６年に経産省へ調査報告書を提出するも、内容不十分として立ち入り検査を受けてしまうことになりました。そしてその後の多数の訴訟へと発展しました。その後、転じてテレビＣＭで回収にかかりますが、対応の遅さがかなり評判を下げてしまいました。

結果として、どちらも信用を地に落としたのですが、松下は信頼失墜からの事後対応で名を上げます。無事に株価も財務状態も元に戻しました。「コーポレート・レピュテーション」による対応の差です。

松下幸之助の理念は、企業家ならば誰もが知る言葉。

——企業は社会の公器

企業は次の時代にふさわしい社会の器（うつわ）をつくっていく役割と責任を持つ、ということです。

筆者思うに、正念場で創業者の言葉が社員たちに印籠として現れたに違いありません。結局のところ、松下電器は不祥事において愚直になり切った。しかも、見事なまでに社員一丸となってぶれなかったのです。

「コーポレート・レピュテーション」の講義の締めくくりにいくつか意見が出たあと、結論として「結局は、社長と現場をつなぐ中間管理職たちの膝詰め談判でしょうな」という教授の話もありました。

つまり、中間管理職がビール（最近はハイボールかな）片手に、部下に「うちの志はなぁ～、ヒック、だからお前もな～」と語るという状況が大事ということですね。

（「ヒック」なんてやる人見たことないけど、状況をわかりやすくするために……）

飲み会で肩を並べて（なんて、なんだか発想がオヤジっぽいですが、若い子にどうアプローチするのかはよくわからないので）、あるいは膝を突き合わせて、腹を割って思いを語る。中間管理職に腹落ちさせ、かつ部下とコミュニケーションが取れている状態。それが不祥事を防ぎ、社会の公器とまで言わせせしむる理念の実践に繋がる……。

教授のこの仮定は一理あると思います。千里の道も一歩から。千代乃社長も、会議で役職者たちにこう語りかけるそうです。

「あなたたち、帰ったらみんなにこのことを伝えてね」

大きな企業でも小さな企業でも、まずは手近なコミュニケーションから始めてみようではありませんか。

## 理念を心に掲げるために

それにしても、多くの企業には素晴らしい理念があるものです。読んだら情熱に火がつくような言葉が並んでいます。しかし結局、それが事務所の額縁の中にあるか、心の額縁にあるかで、状況は大きく違います。死んだ理念ほどややこしいものはありません。ルールはあるが、実際は守らなくていいという状態を許していることになるからです。そんな理念ならないほうがマシかもしれません。

アートはどうでしょうか。現場に潜伏して初日に「引越しはサービス業」と聞いたのですから、理念はどうやら各人の心に掲げられているようです。

千代乃社長がインタビューでこんなことを答えていました。

「トップに悪いことが伝わらないようにしよう、という考えが一番危険」わかっていらっしゃるのです。社長が飾り物になってしまったら、理念が飾り物になってしまったら、屋台骨がゆらぐということを。

おそらくアートはこれから代が替わり、正念場に差しかかるでしょう。どの企業も創業者の目の黒いうちは間違いがない。しかし、2代目3代目、そしてサラリーマン社長となったとき、この事業が100年続くお家の事業なのだと心して取り組めるのかどうか。いかにパナソニックであろうが、試し続けられていることに変わりはありません。この本の執筆がきっかけでファンになってきたアートには「引越しはサービス業」を100年続けてほしいと思っています。

## 2 顧客満足が経営に必要なワケ

### 日本に昔からあった顧客満足

そもそも経営学の中で、CS（Customer Satisfaction　顧客満足）を最初に打ち出したのは、

〝マネジメントの父〟ドラッカーです。「企業の目的は利益を追求することではなく、顧客を創造することである」と、名著『現代の経営』に記しています。

しかし遡れば、CSという言葉こそなかったものの、お客様満足の萌芽はすでに企業利益の基本となる考え方として存在していたことがわかります。皆さんもうわかってらっしゃると思うので、サラっと流してみます。

## ❖近江商人「薄利多売・三方よし」

最も有名なのは近江商人で、「薄利多売」と「売り手よし、買い手よし、世間よし」の「三方よし」。つまりは、信用商売ということです。近江商人が、利を薄くしても守ろうとしたのは「家業(商売)」。それは、時として彼らの養子縁組にも表れました。跡継ぎに経営の才能がない、つまりボンクラ息子となれば、見込みのある人間を養子縁組してしまうのです。女系でも何でもいいから家業を守っていく。まさに目指すは100年企業。ちなみに皆さんもいくつかご存じでしょうが、近江商人に連なる企業として、高島屋、伊藤忠商事、丸紅、ワコール、西川などがあります。

した。

## ❖ナニワのあきんど

「始末（節約）」を重んじ、仲間を大切にしたナニワの商人なども、信頼関係を重んじていました。

「商いは牛の涎（よだれ）」は、ほそ〜く、なが〜く続けて、辛抱しなさい。一時的な利益を追ってはいけない、との教え。これはスピード利益を追いがちな現在の企業の戒めとすべき言葉でもあります。

「商は笑にして勝なり」というのは、お客を喜ばせれば、お店も売上げが上がって笑えるというもの（諸説あり）。まさにビジネスの基本です。笑いは奥深く、とらえがたい。しかし、ひとたび成功すると感動につながるので、時代の最先端の考えとも言えます。

ちなみに、地理的にはアートは東大阪の地で育ったので、大阪商人の流れを汲むものと言えます。あえての紐づけはやめておきますが……、前述の小林一三と似ていることも含め、エンターテインメント色あふれる経営は、なんとなくナニワ商人の文脈を感じさせます。

## ❖伊勢商人の顧客満足

三大商人と言えば、残るは伊勢商人。伊勢商人を代表する三井の繁栄を築いた三井高利は、呉服屋は一反売りが基本であったところに、必要な分だけを安く現金売りして庶民に喜ばれ、客層を広げました。今で言うところの顧客創造です。

このように、経営学としてのCSを最初に言い始めたのはドラッカーですが、日本には商売の大原則としてもともと醸成されていました。ドラッカーは顧客満足の基本姿勢をネーミングしたにすぎないとも言えます。日本の商売人には、CSの血が流れているのです。ですから、CSを研究したいと思ったときは、昔の経営を勉強するというのもひとつの方法です。

## CSR経営とは何ぞや

ちなみに、CSRという言葉もあります。ややこしい！　筆者は、アルファベットの頭文字2文字、3文字が世の中に氾濫しまくっているということに対し、頭がこんがらがるという理由で抗議したい。しかし、タブレット片手に英語を連発しまくっているスーツマンを見ると、どことなく説得力抜群なので、黙ってしまうのです。単なる筆者のコンプレックスがそう見せているだけでしょうが……。

昔は高級車のハンドルを握る男性がモテたのに、今はＭＢＡを取って（出た、３文字英語！）カタカナ交じりにボソボソ喋る男性がモテる時代になっちゃった。謎のカタカナ男子カッコイイ……のか？。

それはさておき、ＣＳＲ（Corporate Social Responsibility）とは企業の社会的責任のことで、要は儲かることばかりではなく、コンプライアンスとか、環境（サステナブルな経営）とか、ＳＤＧｓ（Sustainable Development Goals　持続可能な開発目標……はぁ、ビジネスって英語ばっかり）とか。つまりは簡単に言うと、地域社会や環境にも責任を果たしなさいよ、ということです。

結論、ＣＳＲも広義にとらえれば、ＣＳＲもＳＤＧｓも全てひとくくりにとらえられると筆者は感じています。なぜならば、現在のお客様の満足は、企業の社会貢献度にまで及ぶからです。

この傾向はビジネスの枠も軽々飛び越えています。例えば、ファッションやアートの世界でも、同じく社会に対してどういう責任を果たし、どういったメッセージを発信しているかが、デザイン性や耐久性よりも重要視されるようになっています。それも、ハイブランドであればあるほど。

パリコレのランウェイからも傾向を読み取ることができます。エコを意識した姿勢。アップサイクルの服。ユニセックス。少数民族への配慮。#MeToo（ミートゥー）などの世界的な運動を意識したメッセージ。

日本では『BORO』という、襤褸布をフューチャーするようなアート運動もあります。ブランド力は単純にラグジュアリー方向へと向かっているわけではなく、むしろアンチラグジュアリーこそ時代のブランド、とも言える動きが加速しています。

これからの経営者には、360度・全方向性の視点が求められているのです。

## マクドナルドの例

CSRとかSDGsの例として、一つ挙げてみます。

かつて、あんなに騒がれたマクドナルドですが、今となれば見事にイメチェンしてしまいました。ちなみにマクドナルドは、これまではサステナブル経営に関しては後塵を拝していたのです。観ているだけで非常に胸が悪くなる映画『スーパーサイズ・ミー』（2004年公開）

は、企業に大打撃を与えたドキュメンタリー映画です。監督および被験者は、モーガン・スパーロックというイケメン。「1日3食30日間マックを食べ続けるとどうなるのか?」という、モーガン自身の体当たりの挑戦を観察する映画は、当たり前のように体調を崩すという悪い結果を導き出しました。当時のマクドナルド経営陣の足を引っ張ったのは間違いありません。ちなみに筆者は、気分が悪すぎて途中で観るのをやめました……。

マクドナルドの映画といえば、17年には『ファウンダー ハンバーガー帝国のヒミツ』という、創業者レイ・クロックのカリスマ性を称える映画も発表されています。物語を少しつまむと、マクドナルドはもともとマクドナルド兄弟が創業者ですが、後にレイ・クロックという男が経営に参加した歴史を描いています。その後、マクドナルド兄弟とレイ・クロックの間で軋轢が起こるのですが、その内幕を赤裸々に描いたストーリーになっています。

マクドナルド兄弟とレイ・クロックがなぜ争ったか、ということが読者の皆さんに興味を持っていただけるでしょう。〝お客様に喜んでもらうことが大切〟というお客重視姿勢だったマクドナルド兄弟と、効率的な店舗運営・料理サービスを打ち出し、事業拡大・利益優先志向だったレイ・クロック。つまり、この本のテーマのひとつでもある顧客満足か利益優先かという問題が、有名企業の中で起こっていたことを描いているのです。

話が脇道に入りましたが、そんなマクドナルドも、2014年に大きく舵を切ります。現在では、健康・再生利用・エネルギー効率――まとめると〝地球への優しさ〟一色で取り組んでいます。単純に店内を見回すだけでそれがわかります。ナチュラルカラーに統一された店が増え、国産のレタスだとか、国産の鶏肉だとか、国産の文字がやたらとあふれ、ゴミの分別もPRされています。

## SDGsへの姿勢

かくいうアートも、もちろん取り組んでいます。アートが率先して取り組んでいるのは、ゴミを出さない引越しです。紙資源を使わない「エコ楽ボックスシリーズ」を開発して、捨てるものをなくしています。ダンボールのリユースもかなり配慮されており、トラックは環境性能に優れたグリーンディーゼル車を導入。営業シーンにおいても、手書きの見積書を電子化するなど、SDGsへの姿勢を強めています。そして、もちろんこれらの活動は宣伝としても活用されているのです。

「当社を取りまく関係者との共存と、社会貢献を実践してまいります。」（経営理念）

現在では、グリーンとか循環とか、そんなイメージがまったくない企業はシビアな目を向けられる時代になりました。単なるイチ消費者である筆者でも日増しに実感が増しています。スーパーで「レジ袋は要りません」と記されたカードを手に並ぶお客さんに挟まれると、思わずゾワゾワとします。「エコバッグ持てよ！」という冷たい視線に囲まれているのでは……とヒヤヒヤ。白いレジ袋を受け取る筆者の手は震えてしまうのです。

今やエコバッグ対応していないスーパーは、ほとんど見かけなくなりました。しかもハイクラスの顧客層が行くスーパーほど、エコバッグ対応は進んでいます。筆者もエコバッグを持ってハイクラスの仲間入りをせねば！　と思ってはいるのですが……。

# 3 CSが引っ込めば不祥事が顔を出す

## 〝スピーディーな変化と結果〟VS〝顧客満足度〟

ここまで述べてきたとおり、CSRも含めCSをないがしろにするような企業は、大企業では皆無とも言えます。特に商品の価格が二極化している状況では、企業はCSRに気を配らなければ生き延びていけない時代に入ったといっても過言ではありません。さあ、こうまで言われたら、やるしかない！

しかし、一方であなたはこうも思っていませんか。「それどころじゃないよ！」と。何よりもスピードが要求されている今の時代では、短期で目に見える結果を数字で出さなければなりませんから。こうも思うかもしれません。「CSが必要なのはわかるが、やるとしてもなんとかローコストで効率的な手法はないだろうか」「カンタンで、すぐ効果の上がる裏技があれば教えてくれ」と。

現在では、起業したとしても、一生その人が社長であり続ける可能性は低くなっています。

大企業になれば株主の存在が大きく、国際企業ともなれば社長なんて2年で入れ替わってしまう。企業合弁も加速化して再編成著しく、一つの価値観を守るような余裕はありません。牛の涎どころか、ナイアガラの滝よろしく、めまぐるしく変化する経営新時代に突入しています。そんな、顧客ニーズが複雑化する時代に、全方位かつ完璧に応えなくてはならないのです。

結果として何が起こっているかというと、やはり相次ぐ不祥事です。CSが見かけ倒しに陥ってしまうことも、しばしばです。イイ事ばかり並べても、フタを開けてみれば、あらあら！「この顧客満足はハリボテでした」という場合がなんと多いことか。しかし、不祥事となると何もかも台無しです。会社がなくなってしまうこともあります。何が一番重要なのか、それは個人を超えて〝企業は社会の公器〟と考えられるかどうかにあります。

## 顧客満足に汗をかけ

先に述べたように、サービスはあらゆる業界から盗むことができます。ということは、一方の極であるあなたは、消費者としても敏感でなければなりません。消費者が騙されているケースについては、さらに敏感であるべきでしょう。

例えば、パーム油の主産地であるインドネシアやマレーシアでは、原料となるアブタヤシの栽培のために広大な森林を伐採し、核兵器よろしく地球を壊滅的に破壊しています。自然の油などという謳い文句で、うまく事実が封印されているのです。

例えば何でも自然に囲まれた生活こそベストと謳い、木を切り倒してすべて木製家具で身の回りを囲める。それをOKとしてよいのでしょうか。

消費者は、そんな無理やりな自然志向・自然至上主義を礼賛する情報の氾濫で、一辺倒なご都合主義に偏ってしまいがちです。そんな偏狭な消費者志向に合わせていては、そのとき限りの顧客満足経営にしかなりません。もっと突き詰めて考えないと、本当はいけないのです。

〝スピーディーな変化と結果〟と〝顧客満足度〟の間で企業経営は揺れます。消費者も双方向性で揺れています。その中で何を見つめるべきなのでしょうか。

前出のアートチャイルドケアの社長兼アートコーポレーションの専務である村田氏が、印象に残ることを言っていました。

「引越し業についていては、キレイごとを言っても、儲からなかったらやれないんです。数字を追いかけなきゃいけないことは、重々承知しています。そこが、引越し業とチャイルドケアの保育業との大きく異なる点です。でも、引越しに関しては本来は『何のために我々は引越しサービスをやっているのか』をもっと追求すべきなのです。顧客満足のため、スマイルカードのために引越し事業を選んでいるわけじゃない。なぜ、これをやるのか、もっと突き詰めなければいかんのです」

アートの姿勢を見て気づくことがあります。

CS活動は耳学問であってはならない。走り続けながら学ぶしかない。そして、走り始めたら休んではならない。つねに変化に目を光らせ、問いかけることをやめてはならない。登山のように何合目ですよという指標はない。

顧客満足のために汗をかかない企業に、よい結末は待っていないのです。

## 顧客満足を優先課題とするために

モノの価格は二極化しています。今後生き残っていくモノやサービスは、「すごく安い」もしくは「すごく高い」のどちらかになると言われています。低価格路線と高級路線――。消費の二極化で、社長はいつもどちらを歩くのか選択を迫られています。

低価格競争は、とにかくわかりやすく悲惨な競争です。いわば〝1円でも安く〟対決。

一方、高級路線はラビリンスです。霧に包まれて敵が見えにくい。だから、むしろ他との圧倒的な違いをもって勝負しなければならないという現実があります。自社内での葛藤も大きくなりがちです。

アートも、当然ながら業界の中で高級路線のほうに位置します。先を走るものが何もないからこそ、つねによりよいサービスについて内部での戦いを繰り広げてきました。

引越し業界の大手は、ほぼ高級路線にシフトしつつあります。サカイもハトのマークも、大手は全てアートに追いつき追い越せで、同じ路線で競合しています。その中で、競合優位性を確保していくサービス追求の不断の努力が必要なのです。

引越し業界だけではなく、あなたの業界もそうなりつつあるのではないでしょうか。筆者のような個人事業主の狭き世界でも、二極化が加速しています。つねに選択を迫られているのは同じなのです。

引越し業界の展望を考えると、その未来は光にあふれたものとは言えません。住み替え意欲の低下に少子化と、先行き景気のよさそうな話題は少ないのが現状です。小さな業者が淘汰されるケースも相次いでいます。

アートも引越し事業の先駆け企業とはいえ、うかうかはできません。パイは小さくなる一方で、人材も減る一方。高級路線、サービス戦争はし烈を極めます。なんといっても、やることは同じなのです。荷物をこちらからあちらに運ぶだけの引越し。そこに思ってもみなかった角度をどう取り込めるか。おそらくどの企業も生き残りをかけて探しているのではないでしょうか。

# 第8章

# 100年後を見据えて

## 1 身の回りの小さなことにヒントはある

### 身近なところから階段を上る

共著者の一人から、ヒアリングの際の前置きとして「アート様のような大きな会社でしたら、難しいこともおありでしょうが……」といった発言が幾度となく出たのですが、それに対して、すんなり聞き流すアートの従業員は一人もおられません。一瞬キョトンとされた後に、「うちは大企業でないのになぁ」とでも言いたげな表情をされるのです。

大阪城を眼下に見下ろすタワーの一角。大阪ビジネスパーク（OBP）のオフィスビル、クリスタルタワーに本社を置き、２００４年には東証第2部、大証第2部へ上場。２００５年には1部に指定されました。11年に自社MBOによって非上場化したとはいえ、大企業であることに一点の曇りもありません。

それなのに、「ウチは大きな会社ではない」と、とにかくみんな1977年に東大阪で寺田運輸から分かれて始まったアート引越センター株式会社の気持ちでいるのです。

「小さい企業で人が少ないのだから、何でもやって当たり前。つくれるものは自分たちでつくる！　資金は潤沢でないから節約・創意工夫。わからなかったら社長に聞いてみよう」という感じなのでしょう。

千代乃社長は、幹部を呼び寄せては「○○ちゃん、あの子どうしてるの」と話しかけるとか。いつまでも中小企業の気分なのでしょうか。

社内の風通しが悪い、保守的、社内政治……そんな大企業病には罹患しそうもない中小企業魂が、アートにはあるようです。

寺田寿男会長はクリスタルタワーに引越したとき、大阪城を見下ろして開口一番こう宣言しました。

「こんな見晴らしのエエところに来て、勘違いしたらアカン」

そして周囲が言うのも聞かず、眺めのよいところは社員に譲り、自分は一番眺めの悪い部屋に陣取ったそうです。

経営企画部の課長は、千代乃社長から従業員ファーストの姿勢を学んだと言います。上を見て仕事をしていると、逆に怒られてしまうとか。

また、千代乃社長が従業員を集めて話をしたとき、決して「私の話はどうだった」という言い方はしません（つい言ってしまう経営者のなんと多いことか……）。気にするのは決まって「みんなに伝わった？」ということだけです。

経営陣は、いつも何かあると従業員のことを慮ります。

「みんなは大丈夫なの？」

「みんなはどうしているの？」

♪あなたの街の
０１２３
アート引越
センターへ♪

あの頃を忘れない。たった数名で走り回っていたあの頃を。休日に寺田運輸のトラックを塗り替えて、「引越」と書き込んだ歴史を。偉くなったら終わり。

会長の発言からは、そんな気持ちが透けて見えます。上場を取りやめたのも、実を取るという思いがあったのでしょう。結局のところ、社長も会長も〝偉く〟ならなかったので、こうして業界トップを走っているのです。

## 絆を強く結ぶ

会社を退職する理由のほとんどが、人間関係のお悩みだそうです。筆者も以前は普通の勤め人だったのですが、悩みのほとんどが職場の人間関係でした。人とうまくつき合えるタイプでもなかったので、仕事の内容ではなく一緒に働く人で職場の楽しさは決まると考えていました。社員同士や、上司との関係がよくないと、どんなに好きな仕事も灰色になってしまうものです。

アートの離職率の低さの一因は、絆の強さにあります。経営陣がかなりコミュニケーションを重要視しているそうで、千代乃社長はこう言います。

「顔を合わせる会議をします。こういう仲間がいるということを知ることも大切なのです」

会長も社長もほとんど自室にいません。他の社員と同じフロアで仕事をし、誰に対しても気軽に声をかける。社員旅行も一所に行く。焼肉弁当などのイベントも開く。

「家族みたいです」という言葉を、インタビューの中でよく耳にしました。こんなに大きな企業なのに「家族」。家族ならば、いいところも悪いところも清濁併せ飲んでチカラを発揮できるということでしょうか。絆を強く持つことで「仕事が好き」が「お客様が好き」に変わっていくのです。

## お客様にも従業員にもファンづくり

では、何から始めたらいいのか、です。もちろん、できることから始めればいいのですが、あれもこれもだと難しいという方に、最初は次の2点からスタートすることをお勧めします。

①時間を割くこと
②耳を傾けること

顧客満足度イコール従業員満足度であることは以前にも述べましたが、つまりはお客様にファンになってもらうためにすることを、従業員にも同じようにすると効果的ということで、この2点を、お客様と従業員両方の観点から考えてみました。

## ①時間を割くこと

### A．お客様に時間を割く

お客様の気持ちに長い時間かけて向き合うこと。じっと考える時間をつくってください。たとえ見えていても、気づかれなければ見えていないのと同じです。例えば寺田運輸からアート引越センターが生まれるきっかけとなった、雨の日の引越しの現場を目にしても、そこから引越しサービスを思いつく人とそうでない人が両方いるはずです。

想像するということは、いったん自分の視点を離れることです。相手の立場に立ってみたり、まったく違う角度からものを見たり。そうするために必要なのは、自分のことから離れるゆとりです。世界の偉人はみんな瞑想する、なんて言いますが、瞑想とまで言わなくても、少し思いめぐらす癖を日常的につけると、変化が生まれます。

## B. 従業員に時間を割く

〝飲みにケーション〟という言葉があります。まったくそのとおりで、顔を合わせて酒を飲んだりご飯を食べたりすれば、互いの距離が縮まることは皆さんご存じだと思います。言葉を交わさずとも、一緒にいるときの温度感が異なってきます。

例えば家族というのはそういうものですよね。膝詰め談判の話も出ましたが、とある飲食店の経営者がこんなことを心がけていました。

「忙しくて毎日店に顔を出せないのですが、行ったときは必ず目を見るようにしています」

目を合わせるゆとりを持つ。ひと声かけるゆとりを持つ。離れていても彼らのことを気にかけるゆとりを持つ。一日の中でわずか5分でもいいので、従業員のことを考える時間を設けると、今まで見えなかった世界が広がります。

そういえば、以前にアルバイトとして飲食店で働いていたときのこと、たった一人で深夜まで店の番をすることは苦痛でした。そんなとき、オーナーがチラッとでも店をのぞいてくれるかどうかで、随分気持ちが違ったことを覚えています。電話一本だけでも「ああ、気にしてくれているんだな」と感じるものです。結局のところ、無関心というのが一番つらいのです。

アートがまだ小さい企業だった頃、引越しが長引いて夜中まで支店で作業していると、千代乃社長はよくおにぎりを差し入れてくれたと言います。たかがおにぎり一個ですべてが報われることもあるのです。

## ②耳を傾けること

### A.お客様の話に耳を傾ける

見積もりに行っては耳を傾け、業務が終わればアンケートを取る。答えはお客様が持っている。だから聞き出すしかありません。時には声にならぬ声もあるでしょう。それでも聞き出さなければなりません。

お客様が引越しをするのは、必ず何かしらの事情があるはずです。もっと大きな家に住みたいのかもしれないし、転勤かもしれない。離婚かもしれないし、家族が増えたのかもしれません。100人いれば100通りの事情があり、それを承知の上なのかどうかで、作業の内容は同じでも質が変わってきます。

お客様にとっては、事情まで聞いてくれた親身な営業担当者と、事情も何も知らない赤の他人の営業担当者とでは印象が違います。引越しは、知らない人がいきなりずかずかと自分の住まいに侵入してくるという、ある意味恐ろしいサービス業です。事情も知らないまったくの赤の他人であれば、違和感は否めないのです。

〈見積りにこられた方が親身になってくれた。〉(公式HP お客さまの声)

## B．従業員の話に耳を傾ける

話を聞いてもらえると、誰でも嬉しいですよね。口に出して話すと不満の5割は解消されてしまうと言います。苦労をわかってもらえているなと感じるからです。だいたいの場合、苦労がつらいのではなく、苦労をわかってもらえていないことがつらいのです。現場潜伏に行ったとき、皆さん声をかけてくれたことを覚えています。

「大変だったでしょう？　何が一番大変でしたか」

「疲れたでしょう。やってみてどうでしたか」

事務所の奥の方にいる、おそらく偉い立場の人だったのでしょう……、そんな人にまで声をかけてもらい、すっかり気力を取り戻したものです。

質問されると、必要とされている気持ちになる、相談されると、役立った気持ちになる。人はとても単純なところで慰められるのです。

つまり、顧客満足度、従業員満足度といっても、この2点だけ。時間を割くこと、耳を傾けることから取りかかればよいのです。ファンづくりだとかホスピタリティだとか、身構える必要はありません。大企業になれば仕組みづくりが必要ですが、アートも小さい企業だった頃は、おにぎり一個の配慮だったのです。カリスマになる必要も、過度なパフォーマンスも要りません。

ファンになる心理は、その人の心の小さな隙間にあります。その小さな隙間を発見して満たしていく手順がこの2点なのです。手始めに、時間をかけて丁寧に話を聞いてみてください。心がけ次第で誰でもできることです。

## 地道にやって高いところを目指す～小さな発見が大きな事業転換に

日々の些細な「あったらいいな」というお客様の声から生まれたアイデアが、様々なアートのオプションサービスのもとになっています。つまり、CS活動を継続していくことで、いずれ事業転換を生むほどの大きな指標に繋がっていくケースもあるということです。

例えばセコムは、1970年に巡回警備の会社からオンライン・セキュリティサービスへと形を変えました。ソニーは近年、電気メーカーからゲームなどのエンターテインメントや通信の企業にシフトしています。

現場に落ちているヒントを大切にしていると、時代に合わせて事業構造を変革することができます。ヒントを見つけられずに事業構造を変革することができなければ、生き延びることはできないとも言えます。極論ですが、CS活動をしていない企業は淘汰されていく可能性があるのです。

何度か触れてきましたが、寺田運輸からアート引越センターへの転換は、とある雨の日の出来事から始まりました。家財を積んだトラックが雨に降られて路肩に停車し、雨除けの幌をかけようとしている光景を見ます。そして、「屋根のある自社のトラックを使ってお手伝いできるのではないか」というひらめきが事業転換を導いたのです。

CS活動は、アイデアを拾う地道な作業でもあります。その道は険しく長く、終わりはありません。ですが、それは信頼確保だけではなく、企業の存続自体につながっていくのです。

〈母の引越なので価値ある物が多く扱いがていねいにして欲しかったから。〉（公式HP　お客さまの声）

## 2　CS活動は周りをみんな幸せにする

### 顧客満足はブランディング

CSで有名な企業と言えば、どこが浮かぶでしょうか。顧客満足度が背表紙となり得る企業として思い当たるのは、感動レベルのサービスとして名前が挙がる東京ディズニーランド。ビジュアル価値とロイヤルティで上位に位置し、細部にわたるまで工夫された顧客満足は有名です。CSを最上位として取り組むその姿は、企業のあるべき姿の見本と言えるでしょう。

「この週末、東京ディズニーランドに行ってきたの」

そうのたまう友人の背後に、筆者は百万個の星が煌いているのを見てしまいます。思わず口から出る言葉は「イイなぁ」――。何がどうイイんだか、本当は特別イイと思っているわけでもないのに、なぜか夢の国に行った友人が輝いていてイイのです。

リッツカールトンもCSの例に真っ先に登場する企業ですね。顧客サービスを神話レベルにまで押し上げ、声にならぬ声を拾ってきました。スタッフに人間教育を授けるサービス研修は、あらゆる業界をリードしています。「リッツに泊まるなんてお金持ちね」というよりも、「リッツに泊まってるなんて、立派な人に違いない」――。そんな風に思ってしまうものです。

（あぁ、筆者も、ライターだとか売れない作家だとかにしがみついていなければ、リッツライフを過ごすことだって……。まぁ、そのことは生まれ変わってから考えましょう……）

顧客にまで価値を付与するのが顧客満足度、ということではアートも同じです。

「ああ、隣に住んでいる人はアートで引越ししてきたのね。じゃあ、身元の確かな人に違いないわ」

「ああ、あのマンションはアートのトラックがよく泊まっている。どうりで感じのいいマンションだ」

ブランドとは説得力のことでもあります。消費者は説得力に対してお金を出しているのです。

同じくおもてなしで有名なANAは、「お客様満足で世界のリーディングエアライングループを目指す」という経営ビジョンを持っています。「接遇＝おもてなしの心」の輝くサービスは、日本の地位をも向上させています。日本の地位を向上させているなんて、「おもてなし」を切り札にオリンピック開催を勝ち取った国民としては、誇りに思わずにはいられません。

このように、顧客満足はブランディングに繋がっていくものです。この二つは切り離して考える必要がないのです。

## CSへの取り組みは業界全体を向上させる

サービスというくくりにおいて、業種の違いはありません。むしろ前述のような企業は、CSという観点においてあらゆる業種をライバルとして学びを得てきたという歴史があります。答えのない感動というゴールに向かって、唯一性の高いサービスとは何かを、時間をかけて考えてきたのです。そして、一人ひとりのお客様の、変わり続ける潜在的な声に今も耳を澄ませています。

業種を超えてアートから学びを得ようとする企業が増えつつあること、アートに追随して引越し業でブランド競争がなされること。それらは、引越しサービスという業界自体のイメージを高め合うことにも繋がっていきます。

あなたも、たとえ同業者がCSに目を向けていなくても、何も恐れることなく取り組んでいけばよいのです。「抜け駆けだ」と最初は白い目で見られても、結局はそのことが業界全体を底上げします。

今後、CSを向上させる業界はどこでしょうか。筆者は通信業界に目をつけています。いわゆる携帯会社です。2年縛りや3年縛り契約などの理不尽な顧客の囲い込みが当たり前でしたが、これは消費者のほうを向いたサービスとは言い難いものでした。しかし変革はすでに起こりつつあり、近い将来大きく変わることでしょう。

## 顧客満足に取り組むのは私たちのため～感動よりももっと大事なのは安心安全

アイデアに満ちたアートであっても、一番大切なのは信頼。特別なことをするのではなく、

「当たり前のことを必ず行う」ことだと言います。

例えば、大前提として従業員の安全確保。

特に引越し業界においては、大型トラックの運転の「危険」がつきものです。スタッフがハンドルを握っているとき、周囲の安全と同時にスタッフ自身の命もそこに握られています。アートではトラックにタコグラフをつけ、法定速度を順守させ、安全運転のために目を光らせています。危険な運転をすると、すぐに本部から忠告が入ります。

事故を起こさず無事に荷物を運ぶことが前提ですから、感動のサービスも安全という基本の上にしか成り立ちません。感動のサービス実現を意識するあまりに、法定速度を超えて無理な運転をしてしまっては本末転倒。しかし、人は想いが強ければ強いほど、無理無謀を冒してしまうのだということも肝に銘じて、業務を管理しなくてはならないのです。したがって、十分な睡眠、休養、適度な休暇を確保することはもちろん、飲酒運転などにも注意が必要です。

2018年、国内航空会社のパイロットの飲酒問題はインパクトのあるニュースでした。単なるモラルの問題で片づけられるはずもなく、パイロットという仕事の過酷さが飲酒に走らせたという下地が問題の深さを表していました。こういった事例は決して他人事ではありません。

引越しで運んでいるのは、荷物ではなく宝物です。ひとつはお客様の思いであり、もうひとつは大切なスタッフだからです。しかし、どんな業種でもそうですが、一番の基本であるはずの安全確保がふと抜け落ちてしまうことがあります。

はっきり言ってしまうと、安全が確保できないなら顧客満足など実践しなくてもいいのです。ハリボテの顧客満足を担いで走った結果、倒れて朽ちてしまっては元も子もないでしょう。企業は人のためにあるのであって、企業のために人があるのではありません。

## お客様が多種多様なのだから、スタッフもダイバーシティで

アート引越センターが誕生したとき、その代表に就任したのは寺田運輸の代表・寿男氏ではなく、妻の寺田千代乃氏でした。

当時、引越しは主婦のものという考え方が主流。団地が立ち並び、主婦が家事全般を取り仕切っていた時代で、引越しを主導するのは女性だったのです。そこに寄り添うには、女性社長こそふさわしい、となったそうです。コールセンターもすべて女性スタッフで揃えました。

時代が変わり、女性の単身引越しなどが増えると、現場のスタッフにも女性の登用がスタートします。ブルー&ホワイトの制服を女性がまとって荷物を運んでいる姿に、今では何の違和感もないでしょう。

千代乃社長は2005年から関西経済連合会の副会長を務めました。

16年には、女性活躍推進法が施行されます。アートでは、女性活躍推進プロジェクト「Weチャレンジ」――「いきいきと働くための健康教室」「運動と休息で健康づくり」「異業種企業との交流」など、女性発信の社会貢献活動にチャレンジしています。

また、保育事業のアートチャイルドケアでは、次世代育成支援対策推進法に基づき、「子育て支援に積極的に取り組んでいる」企業として、厚生労働大臣から「くるみん認定」を受けています。

このように、多様な人材を採用し、多様な生き方を認め、多様な意見を取り入れることは顧客満足につながります。引越し事業を千代乃社長が手がけたように、同じ立場だからこそ理解できることもあります。多様なニーズをつかむためには、社内ダイバーシティは欠かせません。

## 最後に

結局のところCS（顧客満足度）活動というのは大いなる模索なのですが、自分や周りが笑顔で働くためのものだなと感じました。こう言ってしまうとチープな気もするのですが、それ以外にふさわしい言葉も見当たりません。

そういえば、取材に行ったときに皆さんの笑顔がステキだなといつも感じていました。一番ときめいたのは、もちろん千代乃社長のキュートさ。お忙しい中の60分のインタビューなのに、「あら、もう時間ですか？　私まだあと10分は大丈夫なの！　こうして聞いてくださるのが嬉しいんです。何でもどうぞ」とおっしゃってくださいました。これぞホスピタリティ～!!　と感激。ファンになるというのは、こういうことですね。

女性としても見習わなきゃ、と思いましたよ。ちなみに千代乃社長は、女性としては初めて関西経済同友会の代表幹事になり、関西経済連合会の副会長も務めました。経営者としての実力は言わずもがなですが、人間力としての「可愛らしさ」も要職に就く理由のひとつかと推察します。関西財界をもけん引する人間としての魅力を伝えるために、『寺田千代乃「可愛さの秘密」』ってタイトルで筆でも執ってみるか。そのほうが自分の人生に役立つのではなかろうか……。いや、もはや時すでに遅し。これも来世でがんばるか……。

話しを戻します。笑顔について、です。

もしも、あなたがＣＳ活動に一所懸命なのにちっとも笑顔になれないなら、それはどこか違っているのだと思うのです。仕事が作業になっていたり、オーバーワークだったり。従業員満足イコール顧客満足であるように、あなたも笑顔になって初めて顧客満足度は実践されているのだと予想します。

仕事に誇りを持つこと。そして誰かに喜んでもらうこと。さらには社会の役に立っていると思えること。そうやって、貪欲にホントの笑顔を探すのです。

おそらく正解はありませんが、笑顔は顧客満足度活動のスタートであり、ゴールなのです。

筆者も一緒にがんばります。

という読者をケムに巻くような一文で、このコーナーを締めくくります！

ここまで書いておいて、悪い感想には耳を塞ぎます（ヒーッ!!）。

♪あなたの街の
０１２３
アート引越
センターへ♪

# 第9章

# 経営トップ対談

※本章は、アートコーポレーション代表取締役社長である寺田千代乃社長と、学校法人甲南学園 甲南大学の長坂悦敬大学長の対談です。

## 引越しは「サービス業」だった！

**長坂**　今日はお忙しいところ、ありがとうございます。今、企業の顧客満足度が問われる中、長年「顧客満足度ナンバーワン」を実現している企業として、お話を伺えればと思います。

早速ですが、アートコーポレーションの前身が寺田運輸ということですが、「これをやろう」と決めたときの思いというのは？

**寺田**　寺田運輸は、結婚と同時に夫と起業しました。まさにパパママ・ストアといった感じですね。日々いただくお仕事を増やしていこうとする、普通の運送会社でした。当時は、特定の荷主さんとのつき合いだけで、営業も何もしておりませんでした。ところが、オイルショックのときに、かつて経験したことがない事態が襲ってきたのです。ガソリンもない、仕事もない。とにかく何か手立てを考えなくてはならない、という状態でした。

**長坂**　それが今は大きな企業に成長されましたね。引越し業をやっていこうと決められたとき、つまりアートコーポレーション創業時の思いはどのようなものだったのですか。

**寺田**　そうですね。もともとは〝引越しサービス〟という事業分野はありませんでした。当然、マニュアルはありません。その中でなぜ〝引越し〟となったのかと申しますと、運送業といえば運搬のみですが、その前と後に多くの仕事があるのではないかと考えたからです。そもそも、このビジネスがそれほど大きくなるなんて誰も想像していませんでした。後に、多くの経営者の方からこんな単純なことがビジネスになるとは思いもしなかった、と言われました。当時、夫は「オイルショックもいずれ収まるだろう。それまで引越しサービスはあなたがやってはどうか」と。そんな単純なところからスタートしました。

始めてみると早速、壁に当たりました。実際に引越し作業を行うのは、寺田運輸の兼業ドライバーでした。彼らは運ぶことにかけてはプロです。職人みたいなものですね。ところが、お客さまと一日中顔を合わせて引越しサービスを提供するとなると、いろんな意味で難しかった。当時は不景気で、人を採用することは難しくありませんでした。そこで、本当におかしなことですが、運送業界からではなく、その他のいろいろな業界からの転職者を採用したのです。工場長は毎日、車のことについて怒っていましたね。「こんな故障なんてするものか」、「こんな場所で車体を擦るわけがない」と。新しく来た人が車のことをまったく知らなかったものですから。ですが、ドライブがわかる人にサービスを教えるより、サービスのわかる人にドライブを教えたほうが早い。この考え方は、周囲に驚かれました。

**長坂**　なるほど。運送業の延長線上でおやりになろうとしたら、フタを開けてみるとサービス業だった。だが、ドライバーの方々は人との関わりが苦手。「これは違う業態ではないか」ということを含めてご苦労されたのですね。

**寺田**　当時はすべてが中途採用。今で言うキャリア入社ですね。いろんな業種から採用しました。それぐらいバブル崩壊、経営危機はインパクトがあった出来事です。

**長坂**　今ではダイバーシティを経営にいかに生かすかということが言われていますが、その先駆けですね。それが、後のアートの力に繋がったのですね。

## 「大家族経営」の組織能力

**長坂**　多様な人材が集まる中で、トップの求心力が問われるわけですが、寺田社長は相当のリーダーシップを発揮されていると感じています。これほど社員の尊敬を集めているのはなぜなのでしょう。

**寺田**　求心力なんてものではありませんが、従業員との距離は非常に近いです。今、グループで6700名が働いています。ですが、もともとは寺田運輸との兼業で、たった7名の会社でした。従業員と経営者は、ほとんど同じ場所にいたということです。今は組織も大きくなりましたが、従業員はいいところも悪いところも含めて私たちを見ていますし、何かがあったときの判断も私たちのほうを向いています。互いの近さはあると思います。

**長坂**　本社は、大阪城を眼下に見下ろす大阪ビジネスパークの一等地に構えていらっしゃいますね。非常に眺めのよい素晴らしい場所ですが、ここに移られたときも、一番見晴らしのいい空間を従業員に譲られたとか。こういったエピソードにも経営者の方針・気風を感じます。従業員へのお声がけも頻繁になさっていると伺っています。

**寺田**　支店に行くと、支店長やスタッフと話をします。ここ1～2年は、世代交代を見据えて支店回りは少々控えていますが、以前は頻繁に訪れていました。会社の全体会議は多いほうでしょうね。全国の営業担当者が集まるのですが、一番の目的は、これだけの仲間がいるということをみんなで見回すこと。そして、先ほどの話のように距離を縮めるわけです。

**長坂**　いわゆる組織能力という言葉がありますね。個々の力が強くても、組織能力が高くないと経営は難しい。プロ野球球団にたとえますと、強い選手を呼んできても、結局チームとして機能しないと勝てません。グループ従業員数約６７００人、アートコーポレーションだけでも約３６００名という数の組織はなかなか手ごわいと、私などは想像します。おそらく7名の時代からずっと従業員の皆さんへの思いは変わらず、それが社員に伝わっているのではないのでしょうか。

**寺田**　私は「家族経営」といったムードの会社にしていきたい、という思いがずっとあったんです。ところが従業員が４００名に増え、６００名に増える節目の中で「そろそろ難しいよ」なんてお声も周囲からいただいていたんです。ですが、つい最近、私がご尊敬申し上げる経営者の方から「寺田さん、この間あんたのところで引越ししてもらったんやけど、あんたのところは〝大家族経営〟やなぁ」と。そう言っていただいて、はじめてそういう見方もあるんだなぁ、となんだか嬉しくてね。

**長坂**　ファミリービジネスという世界があって、持続経営をされている企業は、実は大手よりもむしろ、しっかりとした創業家の力がある企業のほうが多いという傾向もあります。ここまで大きくなられて、大家族経営を成し遂げていらっしゃるのはすごいことです。

## 上場とMBOについて

**長坂**　2011年に上場を取りやめられたのは、大家族経営への思いがあってのことでしょうか。

**寺田**　いろんな経営者の方が上場を目指しておられます。私の場合、上場については、やりたいことのために必要だという思いと、これまで働いてくれた従業員に報いるには一番わかりやすい方法だと感じていました。非上場から上場にもっていき、従業員が潤い、もっとやる気が湧けばいいと。初代で上場、退場を両方行ったケースは少ないです。

**長坂**　サントリーやヤンマー、YKKなどの有名企業でも上場しないケースはあります。それには経営者の考えがあろうと思います。

**寺田**　2004年に上場をして、持株会をつくったのです。考えがあって、MBO（マネジメント・バイアウト）をしたときに一番気になったのは、従業員のことでした。株主の方にはそれなりの引き取り株価をつくりました。ですが、従業員は上場するときにとても喜んでいましたから。しかし、こればかりは人に相談できないので、発表の日の夕方に全国にテレビ会議で事情を報告しました。「MBOしましたよ」と。みんな意外に喜んでくれました。なぜ大丈夫だったかというと、東京の幹部がこう伝えてくれたのです。「みんな大丈夫ですよ。社長の顔を見ていると、そのほうがよさそうに思ったみたいですよ」って(笑)。

**長坂**　まさにFACE TO FACEと言いますが、家族経営ですね。失礼ながら、従業員の方々は社長と会長のことを、お母さんとお父さんと思っているところがありますね。

**寺田**　私もいい年になって、「あの子」だなんて、いいオジサンに言ってしまうんですよ(笑)。

**長坂**　アートコーポレーションでは、従業員とトップとの強い信頼関係が感じ取れます。

## 論理と共感

**長坂**　経営方針を幾つかのメッセージとして出されていますね。「夢を共有する楽しい会社」「暮らし方を提案する企業」など、顧客とともに従業員の満足度も目指されるという中で、これらのメッセージに込められた思いを教えてください。

**寺田**　220名近くにもなる、役員を含めた幹部会議を年に2回、時には泊りがけで朝から晩までやります。そこで、会社の現状と達成のための課題を、みんなに何度も同じことを話しています。彼らに「帰ったら、必ずあなたから支店のみんなに伝えてよ」と言います。すると彼らは自分の言葉で繰り返しますから、復習になるわけです。そうすると彼らの心により残ってくれるのです。

**長坂**　日立にも〝Inspire the Next〟があります。このように、時どきに合わせたコミュニケーションワードをつくるのはとても大切ですよね。加えて、お忙しい現場の方を集めて、お顔を見ながらの伝達を徹底されているのは素晴らしいですね。

**寺田**　もう、何十年もやっていますから、みんなの目を見て話をしています。「あれ、これは通じていないな」ということが空気でわかります。そうすると、別の言葉で言い直す。意識してそのようにしてきました。

**長坂**　「『論理』と『共感』を織り成し」が経営では重要であり、どのようにそれを進めるべきかというのが私の企業研究の課題です。論理だけではダメで、そこに共感がないと響かない。社長が、きちんと行き先を示す、その言葉を選んで話されているという印象があります。

**寺田**　うちは生産部門も営業部門もモチベーションが高く、ロイヤルティが高い従業員が多いのです。なぜだろうと考えたんですけどね……。

当社は採用のとき、キャリア入社でも新卒でも、その採用形態がどうであれ、入ってしまうと皆同じスタートラインに立つのです。全国で220名近い幹部職がおりますが、彼らの6割が生産部門から上がってきました。役員の中にも、生産部門や営業部門から上がってきた者が数名おります。つまり、「幹部や役員は自分たちに関係のない話」ではなく、自分たちもがんばればあそこに行けるというイメージを持ってもらう。全部が全部、公平にできているかどうかはわかりませんが、とにかく気をつけて見ています。それが彼らのモチベーションのひとつになっているのだと感じています。

**長坂**　公正な業績評価ということですね。これは企業経営で最も難しいと言われているものです。ここがしっかりしていると、意欲が湧く。ところが、何らかの恣意が働いており、「なんだかなぁ」「やってられないなぁ」ということになれば、従業員の方々の気持ちは崩れていきます。組織が大きくなると、気に入らない人間を無理やり転勤させたり、左遷させたりということはよくある話です。しかし、細部にわたり、強い求心力でもって、モチベーションを上げる努力をされているところが立派です。

## 顧客満足度と安心

**長坂**　同業他社との差別化というと、どのようなことをなさっているのですか。

**寺田**　引越しというのは、料金の見えない商売なのですね。引越しが終わってしまうまで、これが安かったか、高かったかが見えない。できるだけイメージしていただきたくて、創業時からいろんなサービスメニューを出しています。これがあればお客様が喜んでくださるのではないかな、を絶えることなく続けてきました。もちろん要らないというものはすぐ引っ込めて、いいなと思うアイデアはすぐに実行しました。アートの引越しってこんなイメージね、とわかっていただけるように。

もうひとつは、「安心」です。「あそこに頼むと安心ね」とおっしゃっていただけるように。引越しサービスというからには、どこもサービスはいいはずなんです。それ以上の「安心」を確立させようというのがテーマです。引越しだけでなく、保育事業もそうです。それが、もちろん完全にできているということではなく、確立を目指しているということです。大きさだけではなく、信頼が必要です。

**長坂**　よくわかります。私ども六甲山の南にある甲南大学も、９０００名ぐらいの学生が学んでいます。一方、いわゆる関関同立といった大学は規模が大きく、３万数千名が学んでいるわけです。そこでいろんな議論がありまして、私どもも大きな大学を目指すべきだという意見もありましたが、私としては、教育の質にフォーカスするべきだと。学生諸君が育っていく力を醸成することに注力し、勝負すべきだという思いに至っているわけです。

その点でも、アートコーポレーションはグループ従業員数約６７００名という規模感と、「安心」といった品質とを両方を叶えられているのですから、敬服に値します。

しかし、実は絞り込みをしっかりされておられる。あれもこれもと言わずに、「安心」という言葉にシンプルに徹底することが、大きな差別化に繋がっていくんでしょう。従業員の皆さんも相当に理解されているのでしょうね。

**寺田**　生産部門のリーダーたちの会議に出ると、こちらの背筋が伸びるという感じでして（笑）。

**長坂**　優先度を決めるのに、「健全な動機」が大切だとよく言われます。まさに、健全な動機が従業員の方に突き刺さっていて、納得感があり、目標がシンプルではっきりしている。それをやりさえすれば後はついてくるということが、実感されているのではないかと。そういった中で「顧客満足度」という、外から見たときの評価も高いということ。しかも、オリコン顧客満足度®調査で業界1位を連続して獲得されているということが、それを立証しています。

**寺田**　1年だけ落としているのです。4年連続でいただきまして、5年目も当然いただくつもりであったところが、落ちてしまった。なくして初めて、それがどれほど自分たちの励みになっていたかがわかったと、彼ら自身が言っています。営業部隊にとっても「今年もオリコンでトップです」と胸を張って言えない損失がどれほど大きいものか、わかったと言っていました。その後、1位を取り戻して現在は3年連続でいただいております。（2019年2月現在）。

**長坂**　何をなくして困るのかと問われたとき、売上げや利益ではなく「顧客満足度」だと言えるところに、素晴らしさを感じます。普段からの信頼や安心、お客様の声を全て拾うのだという意識づけができているのでしょうね。こちらのオフィスに入ったとたんに、皆さんに明るくご挨拶していただいた雰囲気からも感じ取れますね。

## 変えるもの、変えないもの

**長坂**　ところで「焼肉弁当」についてお伺いしたいのですが、これは繁忙期に手焼きして皆さんに配られているとか。社長自ら焼いてくださった焼肉弁当ということで、涙しながらいただく幹部社員もいらっしゃると聞きました。

**寺田**　そうなんですか、イヤだ……嬉しいです（笑）。行事の多い会社なんですよ。これは、繁忙期には上も下もなく、みんなが一丸となってがんばるというのがありましてね。でも、よくよく聞くと、忙しいときに私や会長が支店にやってくると余計に手がかかるそうなんです。これはよくない。何かできないかなと考えたのが「焼肉弁当」でした。私どもが焼いて配るのです。大きな鉄板を何枚も出してきて。焼き続けて腱鞘炎になったこともあります（笑）。とにかくピーク時は猫の手も借りたいほどの忙しさで、昔は役員やブロック長に加えて、その奥さまも出てきて手伝ってくださいました。去年から、翌年度の採用が決まっている東京と大阪の新卒採用者に一緒に参加してもらうようにしましてね、当社の社風もわかってもらえるし、よかったなと思っております。

東京なんかですと、近くに来た引越しスタッフや営業担当者、支店長が寄っていくんです。これをやっていますと、異変に気づけます。取りにも来られない、連絡できない支店もあり、「この店、今、大変じゃないのかな」などと察することができるんですね。そのこともあって38年ほど続けています。

**長坂**　小さな企業のサイズ感でやっていたことを、今も続けておられるのがよいですね。私どもの大学でも、入学試験の時期には、採点する先生方に学長自ら差し入れを持って回るんですよ。ミカンなんかを差し入れするんですが、焼肉弁当とはすごい。見習わなきゃならないなぁ（笑）。

**寺田**　当時はご飯も炊いていましたが、あまりに使用し続けて炊飯器がつぶれてしまいましてね。今はロック・フィールドという、友達の会社で炊いて届けてくださる。もう、手慣れたものですよ。私たちが焼肉弁当を届けるというのは、彼らの仕事の邪魔をしなくていいんです（笑）。

**長坂**　今、様々な企業でコンプライアンスやガバナンスの問題が起こっています。大学でも、広報の問題や入学試験の問題などが社会的に問われているのですが、このあたりは何かご留意されていますか。

**寺田**　一番よくないのは、〝悪い話が来なくなる〟ことです。お客さまから届くスマイルカードを無作為に抽出して、私はもちろん役員たちは毎月、見ております。よいことだけでなく、お叱りの声もあります。できるだけ組織の中で、悪いことを上の耳に入れないように、といった風潮がはびこらないように注意しています。

管理部の電話が鳴っていると安心するんです。何かの問題の報告が上がっているからこそ、ですから。

**長坂**　ガバンナンスは風通しとはよく言ったもので、ルールを決めて守るようにという指示だけではダメなんですよね。

## これからの目標

**長坂**　ホームページで1000億円達成ということですが、これからの目標を教えてください。

**寺田**　数字で言うと、引越し商品の販売だけで、2025年に1000億を目指しています。アートコーポレーションは2025年が50年目に当たりますので。

**長坂**　心に響く言葉とともに、経営には数値の目標も大切です。特に節目でとらえることも必要ですよね。

**寺田**　おっしゃるとおり、節目ということを、私は皆に繰り返し伝えています。節をうまく越えないと成長はない。その節を越えて、アートは今あるのだからと。

**長坂**　私も、竹の節にたとえて、節目の話をよくします。節目をきちっとつくれば、しなやかな竹ができる。ですから、きちんと節をつくるようにと。甲南も100年の節目を迎えたところでございます。伝統を紡ぐために、一つひとつを大切にすると同時に、まとまった節目を越えていかなくてはと肝に銘じています。

## 日本企業の未来

**長坂**　日本企業はグローバルの時代を迎えますが、日本の企業が今後目指すべき企業像がありましたら、教えていただければ。

**寺田**　そんな大それたことは言えません（笑）。ただ、ガバナンス上の新しいルールがたくさん出てきますよね。必要なものはもちろん取り入れますが、自分たちがやってきたよいことを、自信を持って残していくことも必要だと感じています。よいところがあるから続いてきたわけで、変えてはいけないこともあると思います。おっしゃっていただいた焼肉弁当とか。

当社には、業績がよかったときにボーナスを出す「がんばり賞」があるのですが、これはいつも現金渡しなのです。銀行には、リスクがあると警告されています。何億ものお金を現金化して持って行くのですから。ですが、ブロック長から支店長に直接渡す。支店長はブロック長に「ありがとうございました」とお礼する。支店長は部下に直接渡す。部下は支店長に「ありがとうございました」とお礼する。家に帰って家族に渡すと「お父さんありがとう」となるじゃないですか。振り込みの明細だけではなくて、私は、この手渡しは誰が何と言おうと譲らない。そう言い張って、今年の暮れもがんばりました（笑）。こういうことは、「お金が倍に生きる」でしょう。部下は上司に何か思っていても、直接手渡しでいただくと「この支店長、いい人だな。この人のもとでがんばろう」となるものです。

続いてきた企業にはよいところがあります。謙虚な中にも、やってきたことに対する誇りは持っていただきたいですね。

**長坂**　変えることと変えないことをしっかり区別して行動していらっしゃる。7名のときとは、いろいろなことが圧倒的に違うわけですからね。「これだけは」と譲れないものがあるのは、他の企業にも参考にしてほしい部分ですね。

**寺田**　世界的に有名なコンサルティング会社が、5年10年先を見越した当社のレポートを出したんです。「3年、5年先に会社は大変になりますよ」と。当然マーケットサイズは小さくなっています。少子化、人口減、世帯減で競争が激化する。想像より厳しい数字でした。ですが、私はこう答えたんです。「でも、このケースは経営者がいない想定ですよね。経営者がいなければこの予測どおりになります。でも、どの会社にも経営者がいます。ただじっとして待っているだけの経営者がどこにいますか」と。

**長坂**　そのとおりですね。変わらないことを守りつつ、将来、対策を取れるかどうか、ピンチをチャンスに変えられるかをつねに考え、行動する。そこには、柔軟に変える気持ちがあるかどうかもカギですよね。

**寺田**　そうでないと、私どものような7名から始めたバックボーンの会社はダメですよ（笑）。あのね、本当にいっぱい失敗しているんですよ。でも、いっぱい変えて、なんとか続けられているんです。

**長坂**　アートコーポレーションのバックボーンは大家族経営ともいうべき、築き上げた従業員との信頼関係にあると確信しました。

今日は大変勉強になりました。ありがとうございました。

# 最終章

# 顧客満足度ナンバーワンの秘密

## 顧客満足度を高めるのは容易⁉

ある飲食店の話です。

経営コンサルタントである私が声をかけられた店舗は、ワインバル。大よそ70席。立地も非常によく、都心部の地下街にありました。一般的に地下街は共益費が高く、場合によっては家賃の20％程度の場合もあります。

その店舗は、一般のお店がアイドルタイム（ヒマな時間）に入っていても、行列が跡を絶たないという話でした。

きっと、オーナーはよく勉強されている方なのでしょう。経営の王道である看板メニューが絞られており、店舗の前の看板に大きく掲示されています。

その看板メニューは、なんとブランド牛のステーキ。

私が見ている限りでも、行列が絶えることはありませんでした。「このお店に経営コンサルタントが必要なのか？」とも思いました。

しかし、行列が絶えないという謎はメニューを見るなり簡単に解けました。

なんとステーキの価格が１０００円だったのです。

ステーキのボリュームを抑えているといっても、原価率が80％を超過していることは容易に想像がつきました。


人件費を含む販売管理費を考えた場合、忙しくなればなるほど赤字になることは確実です。もはや経営ではなく、お金を配付している状態と言えるでしょう。

お金を配れば顧客満足度が高いのは当たり前。赤字経営を行うぐらいであれば、むしろ店舗経営をやめてお金を配付すればよいだけの話になってしまうのです。

## やはり顧客満足度を高めるのは難しい

前述の事例のように、コストを度外視すれば顧客満足度を高めることは容易です。同様に、従業員満足度を高めることも難しくはありません。

しかし、利益も出しつつ顧客満足度を高めることは、決して容易なことではありません。とはいえ、アート引越センターの事例から推察されるように、確かに可能でもあるのです。

以下にそのキーファクターを3つ挙げてみましょう。

### ❖キーファクター1〜経営陣に共通した二つの観点

アートにおいて、経営陣は二つの観点からだけ考えているように、筆者には見受けられました。

ひとつは、お客様のこと。

ひとつは、従業員のこと。

たったこの二つです。この二つの観点から全てが発想され、制度、施策が立案実行されています。

例えば、従業員に関して言えば、経営陣による全従業員に対する手作り焼き肉弁当がありました。おおよそ5000にも及ぶ手作り弁当が、関東と関西の2つの地域ごとに年1回ずつ、合計2回つくられています。経営トップたちが自ら汗を流しながら、ある執行役員はキムチ係、ある役員は肉を焼く係と手分けして、一所懸命に焼き続けるのです。

従業員が数十名程度であれば可能でしょうし、類似のケースを見聞きすることもあります。

しかしながら従業員５０００名超、上場経験のある会社でこのような話を聞いたことはありません。古参の従業員の中には、涙を流しながらこの経営陣特製焼き肉弁当を食する者もいるのです。

従業員のモチベーションを上げるためには何でもするといっても過言ではないでしょう。

例えば声がけ。あなたの会社の経営幹部は、机で情報が来るのを待っていませんか？

アートでは違います。アートでは経営陣は個室にこもることなく、積極的に部下に接していきます。そうです。とても近いのです。通常の声がけのみならず、何か議論が耳に入ると積極的に介入します。顧客満足度を高めるヒントは現場にあるのですから、当然と言えば当然です。

## ❖ キーファクター2～顧客満足度、従業員満足度を高める仕組みづくり

一番大きいのはスマイルカードでしょう。直接的にフィードバックされることはもちろんのこと、個人ベースでの評価にも反映されます。通常、上司の覚えめでたい者が評価されがちですが、顧客主体の評価ですから、がぜんモチベーションに繋がります。また、評価についての報酬のみならず、プライドをくすぐる仕組みも多くあり、ワッペンを明示しての階級制度もあります。

本書では重要なことなので細かく挙げてきましたが、最重要なプロセスとなるのは現場での仕組みです。引越しサービスのみならず、セールスを個別に行うことで「あきんど魂」が培われます。もちろん評価や報酬にも影響します。

また、社員バッチ「0123」は、管理職からは純金製となります。これが、お客様のみならず、社内でも評価されたいというモチベーションの一助にもなっています。最近では、評価の高い営業パーソンの社員バッチには付属部品がつくようになったそうです。

他社では提案制度に該当する、ヒラキラ会なるものもあります。

業界的に難しい定休日の実現も、根幹の仕組みとなることでしょう。

## ❖キーファクター3～理念の徹底

口に出して言うことは優しい。また、他の会社でも唱和したり、理念を記述したものを配付し携帯させているなどは、わりとよくある話です。アート引越センターとその他の会社では何が違うのか？　それは、終始一貫、首尾一貫しているところです。

経営者の観点は前述のとおり、二つだけです。お客様のこと、従業員のこと。その観点から、制度・施策をつくっています。

そして、例外なく実行し続けていることに尽きるのではないでしょうか。

お客様と従業員のために、せっかく上場した会社をなかなかＭＢＯできるものではありません。

また、景色のよい執務室を従業員のために譲れるでしょうか？

経営者から幹部層へときどき問いかけられるそうです。

「みなさんが指示したとき、部下たちの顔色はどうでしたか？」


本書を通読していただいた方はおわかりでしょう。

すべての制度・施策は、おそらく実行可能なものばかりだと思います。

しかしながら、この結果を出すことは容易ではありません。全てが複雑に絡み合って、そしてなおかつ経営者の揺るぎない信念のもとに、ブレない判断を下す必要があるからです。

さあ、この３つの鍵を手にしたあなた。回すことにチャレンジするか、しないかはあなた次第です。

# おわりに

最後まで読んでいただき、ありがとうございました。たまに「おわりに」から読み始める方がいますが、そんな「人と違う角度を持つ」あなた、素晴らしいです。

最初から全編お読みいただいた方には整理のために、生産効率を求めるあなたには時間短縮のために、本書の要諦を申し上げましょう。


顧客満足度の向上を継続的に達成する方法とは何か?

それは、ビジネスの原点に立ち返り、ブレないことです。

あなたが創業者だったとして考えてみてください。

ビジネスを始めるきっかけこそ、裕福になりたいとか、楽に儲けたいとか、そんな考えだったかもしれません。しかしながら、真剣にビジネスの存続や発展を考えるにつれて、きっと「世の中の役に立つ」という視点が芽生えるはずです。継続するビジネスは「世の中の役に立つ」という視点がないと存続しないからです。

「世の中の役に立つ」ということは、現象面では「お客様に継続的に喜んでいただける」ということに他なりません。ここで難しいのが「継続的」です。いつも同じ商品、同じサービスでは、厳しい市場では「継続」はままなりません。お客様に継続的に喜んでいただいている姿を計数化するならば、「顧客満足度ナンバーワン」が継続している姿にピタリと重なると言えるでしょう。

一方、もっとも重要な経営資源である従業員を雇用する際はどう考えたでしょうか? 「いいように使って、社長である私は楽をしよう」と考えたでしょうか? そういう社長もおられるかもしれませんが、それでは継続しませんね。やはり従業員にも満足してほしい、楽しく生きがいを持って働いてほしいと考えることができなければ、「継続」はしないでしょう。

顧客満足度ナンバーワンの秘密はまさしく、この二つの原点、「お客様に喜んでいただきたい」、「従業員には働きがいを持って楽しく働いてほしい」を、愚直に経営陣が考え実行し続けることに他なりません。

奇しくも寺田社長が述べられた「大家族経営」が、アート引越センターの秘密です。たいていの企業は大手の子会社などでない限り、家族（的）経営からスタートします。だんだん組織が大きくなり、社員数が100人、200人となるにつれて、家族ではなくなってきます。システム（仕組み）で動き始めるからです。規模が大きくなると、例外を考慮する個別判断では効率が悪くなるからです。

システムとは、乱暴な言い方をするなら「割り切り」です。本書のエピソードで「焼き肉弁当」について取り上げています。5000人分超の焼き肉弁当を繁忙期前に経営トップたちが自ら手づくりし、全従業員に配付するのです。効率を考えれば外食産業に発注することになるでしょう。

中小、零細企業に経営コンサルタントとして伺うと、社長夫人が現場におにぎりを差し入れしたり、3時のお茶を出したりという場面に遭遇することも多々あります。しかしながら上場企業級の会社で、経営陣が従業員のために自ら弁当をつくっておられる場面には、出会ったことも聞いたこともありません。

もちろん、顧客満足度を高める秘密は「従業員のために弁当をつくること」と言っているわけではありません。

もしあなたが、経営者や管理職、監督職として部下をお持ちの方だったとして、自分に置き換えて考えてみてください。部下のために、汗を流して、心を込めて何かをしようとするでしょうか？　こういう気持ちと行動が部下たちの学びとなって、「お客様のために何かできることはないか」という姿勢をつくることになるのです。

残念ながら、人数が多くなると全ての従業員にそのような気持ちを持って働いていただくことは不可能でしょう。したがってシステム（仕組み）づくりは重要であり、アート引越センターでも本書で確認いただけたように、一つひとつの仕組みはシンプルですが、複雑に絡み合って一朝一夕には模倣できないものとなっています。

しかしながら、仕組みだけ模倣して理念なき経営を行うのであれば「仏作って魂入れず」となり、結果は伴わないものとなるでしょう。

本書では、顧客満足度の向上のためにその企業の持てるほとんどの力を注ぎ、日本を代表する企業のひとつに成長した、そしてお客様の絶大な支持を得てきた企業であるアート引越センターを紹介しました。アート引越センターの活動を学ぶことは、顧客満足度向上のための理念と仕組みづくりを学ぶことでもあります。

本書を全編お読みいただけた皆様に、心より御礼申し上げます。しかしながら読了は読了として、実践してこそ本書にかけたお金と時間が投資となります。何もしなければただの消費、下手をすれば浪費となってしまいます。明日から一つでも実践していただければと、心より願います。顧客の気持ちは思いどおりにはなりません。そして、ゴールもなく、試行錯誤の繰り返しです。結果には時間がかかりますし、その一方、顧客の信頼を失うのは一瞬です。経営者、管理者を始め、全従業員が信念を持って、ブレずに貫くことが大切なのです。

地道なCS活動を継続していたある日、あなたは、いまだ発見されていない商品の新大陸を発見するかもしれません。あなたは、ブルーオーシャンでビジネス世界のコロンブスになり、歴史に名を刻むかもしれません。そうなれば、きっとあなたの会社の従業員はよく笑い、誇りに思い、楽しそうに仕事をするでしょう。

アート引越センターの取材で印象に残ったエピソードに、CS部署における黎明期の話があります。これほど顧客満足度を掲げる理念があり、経営者の強い信念とリードがあってもなお、CS推進部による活動については当初、理解しない従業員もいたそうです。専任の部署をつくるほどのことでもないだろうという考え方です。確かに引越し業務の最前線では、一所懸命顧客満足のために日々励んでいますので、そのような考えを持つ従業員がいても不思議ではありません。しかしながら、CS推進部の真摯で実直な活動が進むにつれて、「なるほどな」と従業員の理解が深まっていき、専門性の高い顧客満足度を高める活動が推進されていきました。そして、全従業員がCS活動の重要性を理解する今でも、顧客満足度に「危機感を持って向き合っている」というところは、見習うべき点です。

まず、本書を読了されたあなたが「顧客満足度の向上が全てだ」という強い信念と覚悟を持ってください。新しい明日がきっと開けてくることでしょう。

おおいにインスパイアさせていただいた甲南大学長坂ゼミの皆さん（以下敬称略、淺野愛佳、池田未来、植村萌花、大泉遥香、大場裕也、緒方彩香、蔭山拓生、門脇英二、田川瑞穂、田中仁、永井茜里、西川愛加、西本綾称、西本彩乃、西山叶、藤井海斗、宮前蓮、森風太、山口洋平、山本佳代子）ありがとうございました。

そして、本書の編集、発刊にあたっては、産業能率大学出版部 坂本清隆氏の大いなる尽力により可能となりましたこと御礼申し上げます。

最後になりましたが、半年間にわたる取材に協力してくださいましたアート引越センター経営幹部の皆様に、多大なる感謝を申し上げます。

代表取締役　寺田 寿男会長
代表取締役　寺田 千代乃社長
取締役 寺田 政登副社長
取締役　村田 省三専務
石川　泰三執行役員
大阪法人営業部　藤川 貴后次長
人材戦略部　山下 茂課長
エントランス部　小林 圭部長
エントランス部　小畠 貴樹課長
エントランス部　玉利 賢市係長
経営企画部　田中 成憲課長
経営企画部　松永 篤樹係長

業務部　吉本 聡部長
業務部　中村 廣志課長
ＣＳ推進室／お客様相談室　川田 成樹室長
ＣＳ推進室　上加世田 剛課長
広報宣伝部　森岡 光明副部長
広報宣伝部　中川 佳代子係長

この書籍の発行に携わっていただきましたすべての皆様に感謝を込めて。

２０１９年7月　著者一同

## ■ 著者略歴 ■


### 山本健児（やまもと　けんじ）

経済産業省　経営革新等認定支援機関（20170110 近畿第 16 号）
山本菅野現代経営研究所　代表経営コンサルタント　大阪成蹊短期大学非常勤講師

兵庫県神戸市生まれ。神戸大学経営学部 1993 年卒業　物流会社勤務を経て、同研究所の代表経営コンサルタントとなる。経営顧問先としては、電設会社、飲食店チェーン、物流会社、美容室チェーン、鍼灸業、占術、ブライダル業等と多岐に及ぶ。講師業としては、上場企業をはじめ地方自治体での経営層、管理職層を中心とした階層別教育を行い、経営戦略、マネジメント、管理会計、人事制度設計、採用設計、ハラスメント等と管理及びＨＲ系を専門分野としている。又、学校法人産業能率大学　総合研究所兼任講師　菅野寅太郎としても活躍中である。

WEB：https://www.kobe-busicolle.net/singlevision/company.html
MAIL：toratarо.svcg@gaia.eonet.ne.jp

### 金澤寿美（かなざわ　としみ）

劇作家・編集者・演出家・ライター・シナリオライター・講師
和歌山県生まれ。関西学院大学卒業。2001 年「劇団レトルト内閣」を旗揚げ。以降、全作品の作・演出・音楽を担当。１公演あたり約 1,000 名を動員する関西の人気劇団へと成長させる。ライター・編集者を経て、2016 年、日本を代表する経営者を取材するビジネス誌『B.S.TIMES』編集長就任。兵庫県西宮市広報番組や各地方自治体・官公庁などの動画シナリオを担当。2019 年、和歌山と大阪を演劇でつなぐ「演劇街道きのくにプロジェクト」を主宰。アートプロジェクト集団「鞦韆舘」所属、ライターズカンパニー所属、ジャパン・トータル・エンターテインメント講師。

WEB：www.kw-planning.com
MAIL：embroideron@gmail.com

**長坂悦敬**（ながさか　よしゆき）

甲南大学 経営学部　教授。第17代学長。

奈良県生まれ。1983年大阪大学大学院工学研究科博士前期課程修了。1983年～1994年コマツ生産技術研究所に勤務。1987年～1989年 University of British Columbia 客員研究員。1992年博士（工学）（大阪大学第10306号）。1994年4月~2001年3月大阪産業大学経営学部。2001年4月～甲南大学経営学部、現在、同教授。2014年、同学長、現在二期目。一般社団法人大学コンソーシアムひょうご神戸理事長（2017年5月～2019年5月）。

著書「Excelで学ぶ原価計算」（オーム社）、生産企画論（学術図書出版社）他

共著「原価計算の基礎―理論と計算」（税務経理協会）、「戦略的プロセス・マネジメント -理論と実践-」（税務経理協会）、「ものづくり企業の管理会計」（中央経済社）他

アート引越センター　顧客満足度連続 No.1のヒミツ　〈検印廃止〉

著　者　山本　健児
金澤　寿美
長坂　悦敬
発行者　杉浦　斉
発行所　産業能率大学出版部
東京都世田谷区等々力 6－39－15　〒 158-8630
（電 話）03（6432）2536
（FAX）03（6432）2537
（振替口座）00100-2-112912

2019 年 7 月 31 日　初版 1 刷発行
2019 年 8 月 31 日　　　2 刷発行

印刷所・制本所／渡辺印刷

（落丁・乱丁はお取り替えいたします）　ISBN 978-4-382-05773-9